이나모리 가즈오
1,155일간의 투쟁

이나모리 가즈오 1,155일간의 투쟁

초판 1쇄 발행 2013년 12월 10일
초판 25쇄 발행 2025년 5월 25일

지은이 오니시 야스유키
옮긴이 송소영

펴낸이 조기흥
총괄 이수동 / **책임편집** 이성용 / **기획편집** 박의성, 최진, 유지윤, 이지은
마케팅 박태규, 임은희, 김예인, 김선영 / **제작** 박성우, 김정우
디자인 박선향

펴낸곳 한빛비즈(주) / **주소** 서울시 서대문구 연희로2길 62 한빛빌딩 4층 한빛비즈(주)
전화 02-325-5508 / **팩스** 02-326-1566
등록 2008년 1월 14일 / 제25100-2017-000062호
ISBN 978-89-94120-30-0 13320

이 책에 대한 의견이나 오탈자 및 잘못된 내용은 출판사 홈페이지나 아래 이메일로 알려주십시오.
파본은 구매처에서 교환하실 수 있습니다. 책값은 뒤표지에 표시되어 있습니다.
책값은 뒤표지에 표시되어 있습니다.

⌂ hanbitbiz.com ✉ hanbitbiz@hanbit.co.kr facebook.com/hanbitbiz
blog.naver.com/hanbit_biz youtube.com/한빛비즈 instagram.com/hanbitbiz

Original Japanese title : INAMORI KAZUO SAIGO NO TATAKAI by Yasuyuki Onishi
© 2013 by Nikkei Inc.
Original Japanese edition published by Nikkei Publishing Inc.
Korean translation rights arranged with Nikkei Publishing Inc.
through The English Agency (Japan) Ltd. and Danny Hong Agency.
Korean translation copyright © 2013 by HANBIT BIZ, Inc.

**이 책의 한국어판 저작권은 대니홍 에이전시를 통한 저작권자와의 독점 계약으로 한빛비즈에 있습니다.
신저작권법에 의해 한국 내에서 보호를 받는 저작물이므로 무단전재와 복제를 금합니다.**

지금 하지 않으면 할 수 없는 일이 있습니다.
책으로 펴내고 싶은 아이디어나 원고를 메일(**hanbitbiz@hanb.co.kr**)로 보내주세요.
한빛비즈(주)는 여러분의 소중한 경험과 지식을 기다리고 있습니다.

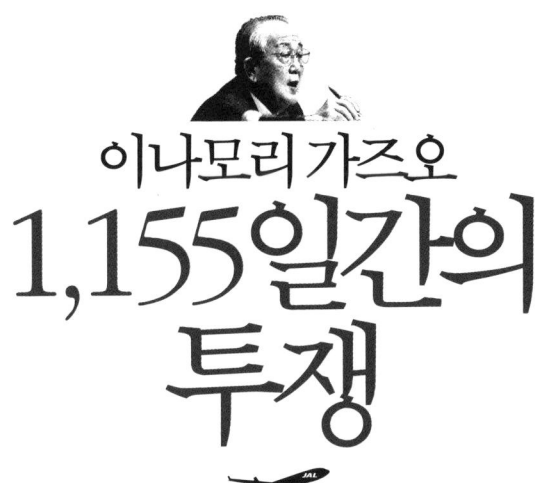

이나모리 가즈오
1,155일간의 투쟁

재생불능 진단을 받고 추락하던 JAL은 어떻게 V자 회복을 했나

오니시 야스유키 지음 | 송소영 옮김

한빛비즈

차례

프롤로그 … 8

1 힘겨루기

자네에겐 단 한 푼도 맡길 수 없네!	… 27
회사가 망해도 비행기는 뜨더라	… 31
장식품처럼 자리만 지키고 있으라고?	… 34
제조업과 서비스업의 차이	… 38
정신론 설교를 듣고 있을 여유가 없다	… 41
이나모리 가즈오의 역량은 진품일까?	… 46
'병아리 군단'이 제대로 경영을 할 수 있을까?	… 48
JAL의 조종실을 장악하다	… 53

2 경영에 금기어는 없다

경영의 목적은 직원의 행복추구	… 59
뒤풀이에서 물수건이 날아다니고	… 62
괴문서가 난립하는 '노사' '노노'의 대립	… 65
목숨을 내놓아도 좋다	… 69
사원의 신뢰를 잃고 어떻게 재건을 하겠는가	… 72
화를 내는 모습에서 진심을 보았다	… 75

3 싫어하던 JAL을 맡다

기업가가 아니면 JAL은 변하지 않는다	… 79
국토교통성 대신 마에하라 세이지의 삼고초려	… 83
오자와 이치로와 이나모리 가즈오	… 87
탁월한 솜씨의 파산법 전문 변호사	… 91
선두에 설 인물은 이나모리 가즈오밖에 없다	… 93
이나모리 가즈오가 읊은 한 편의 시에 담긴 각오	… 97
체력 회복은 한의사만 가능	… 100
분투하는 경영자와 투자가가 손잡으면 재생 가능	… 102
다보스포럼에서 연설한 이나모리 가즈오	… 106
ANA가 요구한 공정성	… 108
'당연한 진리'를 삶의 규범으로 삼아라	… 110
중국에서도 높이 평가받는 이나모리 가즈오	… 114

4 독점은 악

ANA가 JAL에 매수될지 모른다	… 119
반독점의 피가 끓다	… 121
소니와 리쿠르트도 관심을 보인 통신 참가	… 123
0077을 앞에 붙여야 하는 핸디캡	… 126
사업은 철저하게	… 130
그토록 싫어했던 JAL을 구하다	… 132
기득권자에 대한 반발	… 134
생활감각은 서민	… 137

5 이것이 경영이구나

근사한 계획과 더 근사한 변명 ··· 143
모든 숫자에는 이유가 있다 ··· 146
나열된 숫자 속에 숨겨진 이야기를 읽어내다 ··· 148
스카이팀인가 원월드인가 ··· 150
고객의 특전을 보호하는 것이 우선 ··· 153
인정할 수 있을 때까지 철저히 생각한다 ··· 156
조종사 외길 인생을 접고 ··· 158
기계는 고장이 나고 인간은 실수를 한다 ··· 162
시소의 받침점을 들어 올리는 발상 ··· 165
어설픈 동료의식으로는 회사를 구하지 못한다 ··· 168

6 아메바 경영의 위력

전도사 모리타 나오유키의 아메바 인생 ··· 175
인간에게는 숫자를 쫓는 본능이 있다 ··· 178
안전한 흑자화의 길 ··· 180
전 직원이 경영자 ··· 184
비행 한 편당 수지를 다음 날 산출한다 ··· 186
기름때 묻은 장갑을 빨아서 쓰다 ··· 190
꼭 필요한 서비스가 적자를 내는 모순 ··· 193
보잉 787기 문제를 극복하다 ··· 195
스스로 정하고 스스로 말하라 ··· 198
이벤트 리스크에 대한 반사신경이 빨라졌다 ··· 202
가격결정이 경영 ··· 205

7 단 네 명의 진주군

소속사원이 한 명도 없는 유령부서	··· 209
이나모리 가즈오의 가장 가까운 측근	··· 212
'아메바'와 '경영철학'은 비행기의 양 날개	··· 217
JAL에 침투한 우수한 경영과학	··· 221

8 끈기 있는 바보가 더 낫다

조직은 반드시 비대해지고, 인간은 관료화한다	··· 227
마음속에 막다른 골목을 만들어라	··· 229
감동을 주는 제품을 만들어라	··· 231
가족을 지키는 대표의 의무	··· 235
계획을 실행하는 것은 사원	··· 238
우리 손으로 해결해야 할 일	··· 241
경영은 마술이 아니다	··· 244
기업가 아내의 각오	··· 247

에필로그 ··· 250

프롤로그

2013년 3월 19일, 도쿄 시나가와 덴노즈 아일에 위치한 JAL Japan Airline 본사 2층 윙 홀에 100명이 넘는 보도진이 모였다. 5시 정각이 되자 명예회장인 이나모리 가즈오가 사장인 우에키 요시하루현 사장와 함께 모습을 드러냈다.

시작하기 전에 우에키 요시하루가 기자회견의 취지를 설명했다.

"4월 1일부터 시작하는 회사의 새로운 체제에 대해서는 제가 설명하겠습니다. 오늘 개최한 임시 이사회를 통해 대표이사로 회장직을 맡았던 이나모리 가즈오 씨가 회장직에서 물러나기로 했습니다. 앞으로는 회장을 맡게 된 오니시 마사루 씨와 제가 선두에 서서 이나모리 가즈오 전 회장이 심어놓은 경영철학과 부문별 채산제도를 두 개의 주춧돌로 삼아 겸허한 마음으로 노력을 계속하겠습니다."

이나모리 가즈오가 회사갱생법_{우리나라의 기업회생절차} 적용을 신청한 JAL의 회장이 된 것은 2010년 2월 1일, 그때부터 2013년 3월 31일까지 날짜로 계산하면 1,155일이다.

국책기업으로 출발을 한 이후로 언제나 국가의 비호 아래서 관료와 정치가에게 휘둘려온 JAL. 8개의 노동조합이 있고 3000만 엔_{약 3억 2400만 원}이 넘는 연봉을 받는 조종사가 더 좋은 조건의 처우개선을 요구해온 JAL. 2006년 JAS_{Japan Air System}와의 통합으로 비대해진 JAL. 적자와 구조조정을 반복하면서 문제의 근본적인 해결을 계속 미뤄온 JAL.

'누가 손을 대도 해결할 수 없다'는 평가를 받은 JAL에 이나모리 가즈오는 단 세 명의 측근과 함께 뛰어들었다. 그리고 1,155일 동안 이나모리 가즈오는 JAL에 대수술을 집도했지만, 세상에는 그 사실이 단편적으로밖에 전해지지 않았다.

이나모리 가즈오는 전문가들이 '실현 불가능'이라는 낙인을 찍은 갱생계획을 완수했으며, 최고의 영업이익을 기록하고 주식시장 재상장에 성공했다.

도대체 JAL에 무슨 일이 벌어졌던 것일까?

이 놀라운 결과를 이해하지 못한 외부 사람들은 '국가의 도움을 받은 불공평한 재건'이라고 비난하면서 JAL에서 실제로 일어난 일을 외면했다.

이나모리 가즈오는 1,155일 동안 JAL의 회장실에 그저 장식품으로 앉아 있었던 것이 아니다. 이나모리 가즈오가 교토세라믹현 교세라을 창업한 지 50년이 넘었다. 반세기에 걸친 경영자 인생을 통해 축적한 지식, 경험, 철학을 총동원해서 파산으로 자신감을 상실한 3만 2,000명의 엘리트 집단에 '살아가는 힘'을 심어주었다.

그것은 종교처럼 정신적인 힘을 준 것이 아니다. 전표 쓰는 법이나 회의를 진행하는 방법과 같이 실제 업무에 필요한 능력을 축적하게 해주었다. 세세한 업무부터 바꿔가다 보니 JAL 직원들의 업무 자세는 완전히 달라졌다.

대략적인 중기계획밖에 세우지 못했던 회사가 부문별 날짜별로 수입과 지출을 관리하고, 자신이 오늘 '회사 이익에 공헌했는지 아니면 적자를 냈는지'를 한눈에 알 수 있게 되었다. 이나모리 가즈오가 고안해낸 '아메바 경영'의 위력이었다.

회생을 보장할 수 없는 '전후 최대의 파산'

3월 19일 기자회견에서 우에키 요시하루의 설명이 끝나자 밝은 회색 양복에 붉은색 넥타이를 맨 이나모리 가즈오가 언제나처럼 담담한 어조로 이야기를 시작했다.

"제가 처음 이 자리를 수락했을 때, 3년 동안 전력을 다하겠다고 약속했습니다. 그리고 약속한 3년이 지났기 때문에 6월의 주주총회까지 기다리지 않고 오늘 열린 임시이사회에서 이달 3월 말을 끝으로 퇴임할 의사를 전달했고 인정을 받았습니다."

"3년 전, 항공업계의 초심자로 아무것도 모르던 제가 무모하게도 큰 책임을 지기로 한 이유는 JAL의 3만 2,000명 직원을 지키고, JAL의 파산으로 일본 경제에 악영향이 끼치는 것을 막고 싶다는 생각 때문이었습니다."

"JAL의 사원들이 파산이라는 죽음의 늪에서 빠져나와 제 경영철학과 경영기법을 받아들여 줬습니다. 덕분에 실적은 눈에 보일 정도로 빠르게 회복되었습니다. 저 자신도 믿을 수 없을 정도의 굉장한 성과를 남겼다고 생각합니다. 여러분의 많은 지원에 마음 깊이 감사합니다."

도쿄지방법원에 회사갱생법 적용을 신청했을 때 JAL이 안고 있던 부채총액은 2조 3221억 엔_{약 20조 5,000억 원}. 일반 기업으로서는 최대의 파산이었다.

당시 정권교체를 이뤄 국민의 기대를 한 몸에 받으며 탄생한 민주당 정권은 자민당 정권 시대부터의 미해결 과제였던 JAL 재생에 '법적정리'라는 극약 처방을 내렸다.

재판소의 힘으로 7300억 엔의 채무를 덜어내고 5만 1,000명의 사원을 3만 2,000명으로 줄였다. 그리고 정부계 펀드인 기업재생지원기구가 3500억 엔을 출자하고 일본정책투자은행이 6000억 엔을 융자해주었다. 그 결과 3500억 엔의 출자금은 재상장으로 3000억 엔 이상의 자본이득을 국가에 남겨주었고 융자받은 6000억 엔도 전액 변제했다.

국가 주도의 각별한 지원은 있었지만, 모두 법률이 허락한 범위 안에서였다. 하지만 사실상 이런 지원으로 JAL이 회생하리라는 보장은 없었다.

문제는 기업재생지원기구가 세운 이러한 재건계획을

'누가 실행하는가'에 있었다.

'생환율 7퍼센트'의 도전

JAL에는 8개나 되는 노동조합이 있고, 국가 정치와 행정에 복잡하게 얽혀 있었다. 예전부터 몇 번이나 경영위기에 빠졌지만, 그때마다 국가의 지원으로 위기를 모면했다.

JAL의 간부는 진짜 관료들보다 훨씬 더 관료적이다. 회사의 이익보다는 사내의 이견을 조절하거나 정부와의 교섭에 힘쓰는 일이 '업무'라고 생각하는 사람들이 경영층을 지배해왔다. '병든 대기업'의 전형적인 모습이라고 할 수 있었다.

'계획은 일류, 변명은 초일류'

훌륭한 재건계획서를 과거에도 몇 번이고 휴지 쪼가리로 민든 것이 JAL이라는 회사다. 그런 회사의 재건을 맡겠다는 특이한 경영자를 찾는 일은 정말 어려운 일이었다.

더구나 민주당은 경제계와 연줄이 별로 없어서 이렇게 어려운 일을 부탁할 만한 경영자 수는 한계가 있었다. 사실 이런 이유보다는 민주당이 이렇게 까다로운 회사의 재건을 부탁할 만한 경영자는 재계인 중에서 몇 안 되는 민주당 지지자인 이나모리 가즈오밖에 없었다.

이 재건사업은 이나모리 가즈오에게 애초부터 승산이 있는 싸움이 아니었다.

파산 후, JAL의 주가는 1엔까지 떨어졌다. 시장 관계자의 대부분은 회사갱생법 적용이 승인되더라도 재생은 어려울 것으로 전망했기 때문이다.

일본의 대표적인 기업 데이터베이스 조사기관인 제국데이터뱅크TDB가 과거 50년을 거슬러 올라가 회사갱생법 적용을 신청한 기업과 적용 이후의 경과를 추적 조사한 결과, 신청한 138사 중 40퍼센트의 기업이 파산이나 청산 등의 2차 파산을 거쳐 소멸했다. 주식시장에 재상장한 회사는 단 9개 회사뿐이다.

'생환율 7퍼센트'의 도전이다.

JAL이 회사갱생법 적용을 신청한 2010년 1월에 기업재생지원기구가 발표한 'JAL에 대한 지원 결정에 관하여'라는 제목의 재건계획에 대해 전문가의 대부분은 '2차 파산이 염려된다', '계획 자체에 현실성이 약하다'라며 염려의 소리를 높였다.

이런 절망적인 상황 속에서 80세를 눈앞에 둔 이나모리 가즈오는 뜨거운 감자를 삼켰다.

왜 그런 선택을 했을까?

이나모리 가즈오는 지금까지의 기자회견이나 인터뷰를 통해 세 가지 대의大義 때문이라고 밝혔다.

2만 명 가까운 인원 감축을 시행한 후에 남은 3만 2,000명의 직원을 지켜내는 것. 일본 항공업계 대기업이 ANAAll Nippon Airways 하나만 남아 건전한 경쟁이 이루어지지 못하고 독점상태에 빠지는 것을 막는 것. JAL 재생 실패가 줄 일본 경제에의 악영향을 막아내는 것. 이렇게 세 가지다.

그러나 이나모리 가즈오에게는 마음 깊숙한 곳에 감춰둔 더 큰 목표가 있었다. 이나모리 가즈오가 JAL 재건을 받아들인 진짜 이유는 일본이라는 나라에 경영자인 자신이 마지막으로 보내는 '마지막 메시지', 즉 유언을 남기는 것이었다. 이나모리는 이렇게 말했다.

"JAL이 부패한 기업이라는 것은 일본 국민이 모두 알고 있습니다. 재생은 불가능하다고 생각했겠지요. 그 '부패한 JAL'을 다시 바꿀 수만 있다면, 곤경에 빠진 모든 일본 기업이 'JAL도 해냈는데, 우리는 당연히 할 수 있다'라고 분발해줄 것입니다. 그런 영향력이 일본을 바꿀 수 있다고 생각했습니다."

가파르고 험준한 계곡을 앞에 두고 뒷걸음치는 부하를 향해 계곡을 내려가는 사슴을 가리키며 "사슴도 말도 모두 네발 달린 짐승이다. 사슴이 내려가는데, 말이 내려가지 못할 이유가 없다. 나를 따르라!"고 말했던 미나모토노 요시쓰네헤이안 시대 말기의 무장는 계곡을 타고 내려가 기습공격에 성공했다. 그 전투인 효도리고에鵯越를 모방해서 '일점돌파 전면전개一点突破 全面展開'로 일본의 난국을 타파하려고 했다.

정부가 JAL을 편애한다는 편견

3월 19일 기자회견에서 이나모리 가즈오는 JAL 재생을 지원해준 여러 기관에 감사의 인사를 한 후에 잠깐 말을 멈췄다가 이렇게 말을 꺼냈다.

"한 가지 마음에 걸리는 것이 있습니다. 이렇게 (재건사업이) 순조롭게 진행되는 것을 비방하고 중상하는 분들이 있습니다. 온 힘을 다해 겨우 기어 올라온 JAL 사원들을 따뜻하게 지켜봐 주는 것이 아니라 그들을 다그치려고 합니다. 이것이 사회의 본성일지도 모른다는 생각에 마음이 아픕니다."

이나모리 가즈오가 '마음이 아프다'고 표현한 JAL에 대한 비난은 크게 나눠 두 가지다.

하나는 납세 문제다.

회사갱생법 적용을 받은 회사는 파산 처리에 동반되는 이월결손금을 최종이익과 상쇄해서 법인세를 공제받을 수 있다. JAL의 경우는 그 금액이 앞으로 9년 동안 3000억 엔에서 4000억 엔에 달할 것으로 예상한다.

JAL과 경합하는 ANA의 처지에서 생각하면 참을 수 없이 불합리한 조건이다. 미국의 항공업계 등에서 발생했던 파산한 회사가 세금우대로 너무 강해져서 역으로 건전한 회사를 파산으로 몰아간 현상이 일본에서도 일어나지 않으리라는 보장은 없다. 그러니 '공평 공정한 경쟁 환경'을 만들어주길 바란다는 ANA 경영진의 주장도 일리가 있다.

하지만 그것은 회사갱생법이라는 제도의 문제며 JAL만이 특혜를 받은 것은 아니다. 이 점을 이유 삼아 JAL 사원의 자조 협력과 이나모리 가즈오의 경영 수완에 대한 평가를 비하해서는 안 된다. 하지만 세간에는 정부가 JAL을 편애하고 있다는 편견이 널리 퍼졌다.

또 다른 하나는 내부자 거래 의혹이다.

JAL은 2011년 3월에 제삼자 할당증자를 시행했다. 이때 증자를 받아들인 교세라, 다이와증권그룹 등 8개 회사에 대해 '주가가 상승할 것이 확실한 미공개 주식으로 큰돈을 벌었다'라는 의혹의 시선이 모아지고 있다.

이런 의혹에 대해 이나모리 가즈오는 기자회견에서 이렇게 반박했다.

"당시 재건을 위해 500억 엔 정도의 자본이 부족해서 자본금을 모으려고 수많은 회사를 돌아다녔습니다. 하지만 모두가 좀처럼 응해주지 않았습니다. 겨우 부탁을 들어준 회사가 8개 회사였습니다."

JAL은 경영파산 당시 자본총액이 100퍼센트 완전 잠식되어 주식의 가치는 일단 제로가 되었다. 추가증자를 결정한 2011년 3월 시점에는 아직 2차 파산의 염려도 짙게 남았었다. 이 문제를 1988년에 발생한 뇌물 스캔들인 '리크루트 사건'과 비유하는 보도도 있었지만, 어딜 보더라도 당시 성장하던 기업이었던 리크루트와 재생 자체도 위태로운 JAL과는 상황이 전혀 다르다.

JAL의 주식을 흔쾌히 받은 회사는 거의 없었다. 그럼에도 이 증자는 '제2의 리크루트 사건'이라며 비판하는 사람이 나타나서 교세라와 다이와증권은 내부자 거래 의혹을 받았다.

"아주 씁쓸한 경험을 했습니다."

기자회견에서 이나모리 가즈오는 안타까운 표정을 감추지 않았다.

항공업계의 초심자가 일으킨 괴현상

'일본에 용기를 불어넣겠다!'라는 이나모리 가즈오의 마음은 어째서 모두에게 전해질 수 없었을까?

생각할 수 있는 이유 중 하나는 얄궂게도 JAL의 재생이 너무 화려했다는 점이다.

2011년 3월 결산 때 JAL의 영업이익은 약 1800억 엔으로 갱생계획 목표액보다 약 1200억 엔이나 웃돌았으며, 2012년 3월 결산에는 2049억 엔으로 과거 최고액을 경신했다. 2012년 9월에는 도쿄증권거래소에 재상장을 이뤄, 파산한 지 2년 8개월 만의 재상장이라는 최단기록을 세웠다. 두말할 여지가 없는 'V자 회복'이었다.

이나모리 가즈오가 맡기 전의 JAL은 2000년부터 2008년까지 거의 매년 영업적자와 영업흑자를 반복하는 회사였다. 적자가 나면 허겁지겁 수도꼭지를 잠그지만, 흑자가 나면 바로 풀어졌다. '절도 없는 체질'에 찌들어 있었다.

'그런 회사가 일이 년 사이에 간단히 바뀔 리가 없어!'

JAL을 잘 아는 전문가일수록 이렇게 생각했다. 그래서 그들은 자신들의 상식을 뛰어넘는 V자 회복에 당황하며 이 '괴현상'을 설명하기 위해 "그 정도로 공적자본을 투자했으니 회복하는 것은 당연한 것이 아닌가"라고 말하기 시작했다. 그들 대부분이 재상장 전에는 '2차 파산은 불가피'하다고 주장하던 사람들이다.

JAL의 V자 회복은 이나모리 가즈오의 예상도 뛰어넘은 결과다. 2012년 3월 결산을 보면 매출액은 파산 전과 비교해서 40퍼센트 가까이 줄었다. 운항노선을 줄이고 관련 사업 매각을 진행했기 때문이다. 그래도 최고의 이익을 낸 것은 영업비용을 50퍼센트나 줄였기 때문이다.

영업비용을 반으로 줄이면 서비스의 질이 떨어졌을 것으로 예상하기 쉽지만 그런 문제는 일어나지 않았다. 조종사와 객실승무원과 같은 현장 사원들이 급여와 연금을 줄여가면서 분발해서 서비스의 질을 유지했다.

이나모리 가즈오가 지닌 카리스마도 세간의 오해를 부른 요인 중 하나였다.

"항공업계의 초심자로 완전히 무지한 상태다"라고 했던 이나모리 가즈오가 JAL에 승선했을 때 준비한 것은 '경영철학과 부문별 채산제도인 아메바 경영, 이렇게 두 가지 뿐'이었다.

1997년에 임제종의 일본 최대 계파인 묘심사파 엔푸쿠사에서 득도해서 '다이와大和'라는 법명을 받은 이나모리는 불교 용어를 자주 사용한다. 이나모리는 중소기업 경영자를 중심으로 8,000명의 연구생을 키우고 있는 경영 아카데미 '세이와주쿠盛和塾'에서도 경영철학과 아메바 경영을 가르칠 때 불교 이야기를 즐겼다.

이나모리 가즈오의 이야기를 제대로 새겨들으면 그의 경영철학은 일종의 '사훈社訓'이라는 것을 알 수 있다. 미국의 구글이나 스타벅스, 아마존닷컴과 같은 신흥기업도 각각의 사훈을 내세워 구심력을 만들고 있다.

관리회계의 일종인 아메바 경영도 도요타자동차의 '저스

트 인 타임Just In Time'이나 제너럴일렉트릭GE의 전 회장인 잭 웰치가 제창한 '식스시그마' 등에 가까운 경영철학이다.

그런데 이나모리 가즈오가 불교 용어를 섞어가면서 경영철학이나 아메바 경영을 설명하면 왠지 '종교' 강의같이 들리고 만다. 그래서 JAL 재생도 '이나모리교'에 빠졌다며 특별취급을 당했으며, V자 회복이라는 사실도 진지하게 받아들이지 않으려는 분위기가 만들어졌다.

이나모리 가즈오가 대표이사로서 JAL에서 근무한 1,155일을 구체적으로 짚어보면 V자 회복이 마술도 종교도 아니라는 것을 알 수 있다. 이나모리 가즈오는 파산이라는 죽음의 늪에 갇힌 JAL 사원에게 '경영자 마인드'를 심어주고 변명만 둘러대는 고학력 집단을 '투쟁하는 회사'로 변화시켰다.

경영자로서의 마지막 도전

다시 3월 19일 기자회견.

"경영의 일선에서 물러나는 입장에서 국제경쟁력을 점점 잃어가는 일본 기업의 경영자들에게 전하고 싶은 메시지가 있습니까?"라는 기자의 질문에 이나모리 가즈오는 이렇게 답했다.

"기업의 리더는 좀 더 강한 의지력으로 회사를 이끌어가야만 한다고 생각합니다. 경영에는 격투기를 할 때와 같은 투혼이 필요합니다. 투지 없이는 경영하기 어렵습니다. 경영자는 자신의 회사를 무슨 수를 써서라도 강하게 만들겠다는 마음가짐으로 투혼을 불태웠으면 좋겠습니다."

"이제 이 회견을 마지막으로 회사의 경영에서 완전히 손을 떼겠습니다. 부탁해도 받아들이는 일은 없을 것입니다."

이날 완전한 은퇴를 선언한 이나모리 가즈오가 일본 경영자들에게 전하는 절실한 간청이었다.

JAL에서의 1,155일은 이나모리 가즈오에게 있어서 경영자로서 지내는 마지막 도전의 나날이었다.

이나모리 가즈오는 JAL 회장을 맡자마자 주말에도 회사에 나와 아침 9시부터 저녁 6시까지 100명이 넘는 JAL의 모든 자회사 사장들과 1시간씩, 총 100시간이 넘는 면담을 치러냈다. 점심 먹을 시간도 부족해서 비서가 1층에 있는 편의점에서 사 온 삼각김밥을 베어 물며 강행했다. 80세에 가까운 나이의 이나모리 가즈오가 보여준 무시무시한 투혼은 3만 2,000명의 JAL 사원을 변화시켰다.

"아마 수명이 줄었을 것 같다는 생각이 듭니다."

이나모리의 '마지막 도전'을 가까이서 지켜본 우에키 요시하루 사장은 이렇게 회상했다.

'JAL 재생'은 경영자인 이나모리 가즈오가 일본에 남기는 유언이다.

하지만 "이제 뒤를 부탁하네"라며 일본 재생이라는 과제를 넘겨받은 일본의 경영자들은 과연 이나모리 가즈오의 메시지를 정확하게 알고 있는 것일까? 27세의 나이로 교세라를 창업하고 제2전신전화주식회사^{현 KDDI}를 세운 이나모리 가즈오는 '이번이 마지막'이라고 결심하고 JAL 재생의 진두에 섰다.

"확실히 봐두게. 이것이 경영이네."

이 책은 현대 일본 굴지의 경영자인 이나모리 가즈오가 JAL을 재생한 과정을 밟아간 1,155일 동안의 기록이다.

1
힘겨루기

자네에겐 단 한 푼도 맡길 수 없네!

2010년 봄, 이나모리 가즈오가 JAL 회장으로 취임한 지 몇 개월이 지난 어느 날이었다.

도쿄 시나가와의 덴노즈 아일에 위치한 JAL 본사 건물 25층 임원 회의실에서는 평소와 마찬가지로 순조롭게 회의가 진행되고 있었다.

자신을 '항공업계 초심자'라고 소개했던 이나모리 가즈오는 JAL 회장 자리를 맡고 첫 몇 개월 동안, 비행기 정비 공장과 공항에 직접 나가 현장 사원의 이야기를 듣는 데 시간을 쏟았다. 본사에서는 100여 개에 달하는 자회사의 대표와 한 명 한 명 면담하면서 JAL이 어떤 기업이며 항공업계에서는 무엇을 해야 하는지 공부했다.

그러는 동안에는 경영에 대해 별다른 의견을 제시하지 않았다.

그런데 이날 임원회의에서는 사정이 달라졌다. 집행임원이 10억 엔 정도의 예산집행에 대해 설명을 하는 도중, 갑자기 이나모리 가즈오가 말허리를 잘랐다.

"자네에게는 10억 엔은커녕 단 한 푼도 맡길 수 없네!"

순간 회의실 공기가 얼어붙었다.

이번 예산안은 지금까지의 JAL 경영회의에서는 특별히 문제가 될 만한 금액도 안건도 아니었다. 예산집행의 승인은 그저 형식적인 절차일 뿐이었다.

'도대체 뭐가 문제인 거야?'

임원진과 JAL의 재산관리를 위해 재판소에서 선임된 관재인을 포함한 전체 30명의 인원이 모두 숨을 멈췄다.

영문을 몰라 하던 집행임원이 간신히 용기 내서 미약하나마 반박을 시도한다.

"회장님, 죄송합니다만, 이번 건은 이미 예산으로 승인을 받은 사항입니다."

안 하느니만 못한 응수였다.

"예산은 올리면 언제나 받을 수 있다고 생각하는가? 그건 완전히 잘못된 생각이네."

이나모리 가즈오는 책상을 두드리며 서슬 시퍼렇게 화를 냈다.

"자네는 자기 돈이라면 이 사업에 10억 엔을 쏟아부을 수 있는가?"

"아니, 그건……."

집행임원은 말끝을 흐렸다.

"그 10억 엔이 누구 돈이라고 생각하는가? 회사 돈? 아니지! 회사가 곤경에 빠진 이런 어려운 상황에서 사원들이 고생해서 만들어낸 이익이지 않은가!"

"네."

"자넨 그 돈을 사용할 자격이 없네. 돌아가게."

이날을 출발점으로 JAL에서 '예산'이라는 단어가 사라졌다. '예산'이라는 단어에는 적어 올리기만 하면 '무조건 받아 쓸 수 있다'는 관료적인 사고가 숨어 있다. 이나모리 가즈오가 가장 싫어하는 사고방식이다. JAL 사내의 모든 문서에서 '예산'이라는 단어는 '계획'으로 바뀌었다.

 돌아가라는 호통을 맞은 집행임원이 다음 주 회의에서 '왜 10억 엔이 필요한지'에 대해 세밀하게 설명을 하자 이나모리 가즈오는 바로 승인했다.

 "금액이 많고 적고의 문제가 아니었지요. 어떤 안건이라도 대충 넘기지 않고 진짜 필요한지 아닌지를 스스로 파악하고 반드시 상대를 설득하겠다는 마음가짐을 알려주려고 했다고 생각합니다."

 처음부터 자리에 함께 있었던 한 임원의 말이다.

 "그건 아니지."

 "허락할 수 없네!"

 "아직 잘 모르고 있군."

 이날을 경계로 이나모리 가즈오는 매사에 경영진의 사고방식에 태클을 걸었다. 당시 집행임원 운항본부장이었던 우에키 요시하루 현 사장은 이런 이나모리 가즈오의 태도에 솔직히 울컥하는 마음이 들었다고 한다.

회사가 망해도 비행기는 뜨더라

이 시기에 이나모리 가즈오는 JAL 임원들을 모아놓고 자신의 예전 경험담을 이야기했다.

가고시마대학 졸업 후 교토에서 고압전선용 초자硝子 생산업체인 쇼후공업에 입사했을 당시의 이야기. 경영난에 빠진 쇼후공업에서 자신의 개발 프로젝트 공적을 가로채는 일이 벌어져 일곱 명의 동료와 쇼후공업을 나와 교세라를 만든 이야기. 교세라를 '지역에서 1등 회사'로 만들자는 목표를 세우고 잠도 줄이고 먹는 시간도 아까워하며 일에 몰두한 이야기.

이나모리 가즈오의 이야기는 재밌었다. 하지만 왜 임원들을 모아놓고 그런 이야기를 했을까?

당시 사장직을 맡았던 오니시 마사루 현 회장은 "그때는 이유를 몰랐다"라고 말했다.

하지만 이나모리 가즈오는 천천히 이야기를 이어갔다.

'나는 경영자로서 이런 길을 걸어왔다네.'

이나모리 가즈오는 자신의 경영관과 인생철학을 들려주면서 "나는 이런 경영이 하고 싶은 거야. 함께할 수 있겠나?"라고 JAL 경영진에게 제안했던 것이다.

이나모리 가즈오가 보기엔 JAL 임원진은 모두 주인의식이 부족했다. 그것은 JAL이 파산을 처리하는 방식에 원인이 있었다.

2010년 1월 19일 JAL이 도쿄지방법원에 회사갱생법 적용을 신청했을 때는 이미 정부와 민간기업이 공동출자하는 관민펀드인 기업재생지원기구라는 스폰서가 정해져 있었다. 이것은 바로 얼마 전 미국의 제너럴모터스GM가 선택했던 '프리패키지Pre-package, 회사가 파산을 신청하기 전에 미리 채권자들끼리 채무를 재조정하는 과정을 거치는 방법' 방식이라는 법적정리 방법이다.

기업재생지원기구나 일본정책투자은행과 같은 정부계열의 기관이 미리 회사 운영에 필요한 자금을 준비해뒀기 때문에 JAL은 파산 후에 스폰서를 찾기 위해 허둥거리지 않고 차분하게 기업 운영을 계속할 수 있었다. 자산을 동결시키지도 않았다. 전 세계에서 매일 약 1,000편의 비행기가 뜨는 JAL 여객기는 세계 어느 곳에서도 급유와 기내식 조달이 지체되는 일도 없었으며 단 한 편도 운항을 멈추지 않았다.

"사회 인프라인 에어라인이 멈춰서는 안 된다."

정부는 JAL 파산 처리 과정에 이 부분을 가장 최우선으로 뒀다. 목적은 확실히 달성해서 비행기는 아무 문제도 없다는 듯이 계속 날아올랐다. 하지만 JAL 경영진에게는 심각한 부작용이 남았다. 그들은 '회사가 망했다'는 현실을 실감할 기회가 없었다. 임원진만이 아니라 평사원들도 같은 상황이었다.

"회사가 파산했다는 뉴스를 듣고 놀랐지요. 불안한 마음으로 회사에 갔는데, 평소처럼 비행기가 뜨고 업무도 할 수 있었어요. 솔직히 회사가 진짜 파산했다는 실감이 나지 않았습니다."

간사이국제공항에서 근무했던 지상직의 젊은 여사원은 당시의 느낌을 이렇게 말했다.

현장이 피신 직후의 곤란으로 혼란을 겪지 않고 제대로 일할 수 있는 환경이 마련된 것은 다행스러운 일이다. 현장의 안정은 회사의 재건에도 도움이 되기 때문이다.

하지만 경영진이 이런 상태면 곤란하다. 회사갱생법 적용이 승인되면 금융기관에서 빌린 5000억 엔이 넘는 빚을 떼어먹는 것이다. 그러면 기업의 자본총액은 100퍼센트 완전 잠식되어 주식은 휴지 쪼가리가 된다. 2만 명에 이르는 인원감축도 피할 수 없다. 이익을 남기지 못하는 항공노선을 없애게 될 것이고 그러면 이용자에게도 불편을 주게 된다.

기업의 이해관계자인 주주·채권자·거래처·고객에게 이런 엄청난 피해를 주면서도 'JAL은 공공성이 높은 회사라서 도움을 받는 것이 당연'하다는 사고방식이 경영진의 마음속 어딘가에 남아 있었다.

장식품처럼 자리만 지키고 있으라고?

오타 요시히토는 교세라에서 오랜 세월 이나모리 가즈오의 비서로 근무했다. 이번에 JAL 사원들에게 이나모리 가즈오의 '경영철학'을 심어주기 위해 회장 보좌역으로 함께 왔으며 나중에 전무 집행임원이 되었다. 그가 처음 와서 JAL 경영진과 이야기를 나눈 소감은 이나모리 가즈오와 같았다.

"우선은 회사의 일이 자기의 일이라는 주인의식이 없었고 리더로서 자각도 없었지요. 자신의 회사에 이런 엄청난 일이 일어났는데, 자기는 아무 상관 없다는 듯한 태도였습니다. 각 부문 사이를 이어주는 횡적구조의 연대체계는 거의 없었고, 모두가 자신만의 은신처에 숨어서 나오려고 하지 않았습니다. 정말 이 상태로 재건할 수 있을지 걱정이 됐습니다"라고 오타 요시히토는 말했다.

위기감을 느낀 오타 요시히토는 JAL에 새로 부임해 온 지 3주일이 지난 어느 날, 이나모리 가즈오와 사장 오니시 마사루에게 조사보고서를 한 건 제출했다.

"JAL을 다른 민간기업처럼 만들기 위해서는 간부의 의식개조가 꼭 필요합니다. 하루 빨리 리더 교육을 시행하고 싶습니다."

원래 오타 요시히토에게 JAL 의식개혁 교육을 제안할 계획이었던 이나모리 가즈오는 곧 승인했다. 하지만 JAL 사내와 기업재생지원기구에서는 반대하고 나섰다.

기업재생지원기구의 실무담당자는 잔뜩 기합이 들어가 "JAL 재생의 주역은 우리다"라며 이나모리 가즈오의 지휘

밑으로 들어올 생각이 없어 보였다. '아무리 과거에 큰 업적이 있다고 하더라도 80세에 가까운 이나모리 가즈오가 JAL 재건의 실무를 해낼 수는 없어. 실무는 우리에게 맡기고 그냥 자리만 지키고 있어줘'라는 것이 그들의 본심이었다.

그러나 이나모리 가즈오는 회장직을 맡기로 한 이상은 자리만 지키는 '장식품'이 될 생각은 처음부터 없었다. 자신의 손으로 JAL을 다시 일으켜 세우는 것이 사명이라고 생각했다.

오타 요시히토는 당장에라도 리더 교육을 시작하고 싶었지만, 기업재생지원기구와 JAL 간부들은 "지금 여유롭게 교육이나 할 때가 아닙니다"라고 저항했다. 오타 요시히토가 진행하려는 '리더 교육'이란 무엇일까?

JAL 간부가 "매니지먼트 교육을 하려는 거죠?"라고 물으면 오타 요시히토는 "아닙니다. 리더 교육입니다"라고 답했다.

이나모리 가즈오의 경영을 모르는 사람들은 리더와 매니저의 차이를 모른다. 이나모리 가즈오는 높은 뜻을 품고 맹렬한 투지로 개인적인 욕심을 버리고 집단을 이끄는 지도자를 '리더'라고 부른다. 절대 매니저(관리자)라고 부르지 않는다. 아메바 경영의 소집단을 이끄는 사람도 매니저가 아니라 리더다. 이나모리 가즈오나 오타 요시히토가 '의식 개혁을 위해 필요하다'고 생각한 것은 관리방법을 가르치는 매니지먼트 교육이 아니라 지도자로서의 마음가짐을 만드는 리더 교육이다.

'해야 한다'는 주장과 '못 한다'며 반대하는 실랑이가 2개월 가까이 계속되다가 5월 1일에서야 겨우 리더 교육의 추진 모체인 의식개혁추진준비실이 만들어졌다.

준비는 시작됐지만, 아직 문제가 남았다. 이번에는 리더 교육 기간으로 실랑이가 벌어졌다.

오타 요시히토는 JAL 간부 의식을 철저하게 바꾸기 위해서 "연수는 하루 3시간 한 달에 25회로 일요일 이외는 매일 해야 합니다"라고 제안했다. 그러자 기업재생지원기구와 JAL 간부는 "그러면 일상 업무에도 지장이 있어요. 일주일에 1회도 버겁습니다"라고 주장했다.

"그렇게 느슨해서는 교육의 의미가 없습니다."

오타 요시히토가 밀어붙여서 최종적으로는 한 달에 17회 진행하기로 했다.

"그러면 컨설팅 회사는 어디에 의뢰할까요? 사원교육을 전문으로 하는 곳이 좋겠지요?"

리더 교육 시행 일정이 정해지자 JAL 간부가 오타 요시히토에게 물어왔다.

"커리큘럼은 우리가 직접 만들어야 합니다."

오타 요시히토가 대답하자 JAL 간부는 눈이 동그래졌다.

"제대로 된 전문가에게 의뢰하지 않아도 되겠어요?"

"우리가 직접 해야 의미가 있습니다."

"그럼 진행자나 강사는 어디에 의뢰할 건가요?"

"진행자도 강사도 우리가 직접 해야 합니다."

"우리가 말입니까?"

JAL 간부는 할 말을 잃었다.

JAL은 일류기업이니 연수도 일류기업답게 대기업 컨설턴트에게 의뢰하는 것이 당연하다는 생각에 젖어 있었다.

제조업과 서비스업의 차이

의견은 계속해서 엇갈렸다.

오타 요시히토는 이나모리 가즈오의 경영철학을 JAL에 침투시키기 위해 이나모리 가즈오의 슬로건을 포스터로 만들어서 사무실에 붙일 것을 제안했다.

'새로운 계획의 성취는 오직 불요불굴의 마음에서만 이루어진다. 그러니 오로지 열망하라. 긍지 있고 강하게 오직 한 길만.'

이나모리 가즈오가 존경하는 사상가 나카무라 덴푸의 명언이다.

나카무라 덴푸는 젊어서는 육군에서 첩보원 활동을 했다. 전쟁이 끝난 후 고등 통역관으로 근무하다 발병한 결핵을 치료하려고 미국과 유럽을 전전했다. 여러 나라를 다녀도 별 효과를 보지 못하고 일본으로 돌아오던 중에 만난 인도의 요가 성인을 따라 인도로 가서 병을 치료하고 요가 수행을 시작했다. 중국 쑨원의 신해혁명에도 관여한 인물이나. 만년에는 '봉일절의학회統一哲醫學會, 후일 덴푸회'를 통해서 파란만장한 인생 속에서 발견한 사상을 전파했다.

'인간이 살아가는 데 가장 중요한 것은 머리에 있지 않고 마음에 있다.'

나카무라 덴푸의 격언은 주로 이렇게 꾸밈없이 단순하다. 마쓰시타전기산업현 파나소닉의 창업자인 마쓰시타 고노스케나 소설가 우노 치요가 자신들의 연설에 나카무라 덴푸의 격언을 자주 인용했다. 이나모리 가즈오의 이야기에도 나카무라 덴푸의 격언이 자주 등장한다.

하지만 JAL 간부들은 이 포스터를 싫어했다.

오타 요시히토가 반드시 붙이라고 하니 "구조조정 중이라서 포스터를 인쇄할 돈이 없습니다"라는 핑계까지 대며 거부했다.

"그럼 교세라에 가서 인쇄해 오겠습니다."

이렇게 말하자 JAL 간부들도 어쩔 수 없이 마지못해 따랐다.

엘리트 집단인 JAL 사원들에게는 이나모리 가즈오식 의식개혁은 어쩌면 고통스러웠을지도 모른다. 오타 요시히토가 이나모리 가즈오의 표어를 알기 쉽게 해설한 '경영철학 수첩'을 만들어 전 사원이 항상 지니고 다니길 제안했을 때도 "이것만큼은 좀 양보해주세요"라고 저항했다.

"그럼 적어도 상의 윗주머니에 깔끔하게 들어가게 카드식으로 만들어줄 수 없을까요?"

JAL 간부는 타협안을 내놨다.

작업복 윗주머니에는 수첩을 넣어도 눈에 띄지 않지만, 양복 윗주머니에는 아무래도 튀어나오기 때문이다. 제조업과 서비스업의 양식의 차이가 이런 곳에서 나타났다.

오타 요시히토는 타협안을 그 자리에서 기각했다.

정신론 설교를 듣고 있을 여유가 없다

2010년 6월, 리더 교육이 시작되었다.

본사 25층 임원 회의실에 간부사원들을 모아놓고 이나모리 가즈오가 이야기를 시작했다.

"여러분은 회사를 한 번 파산시킨 사람들이네. 원래대로라면 지금쯤 직업소개소를 찾아다니고 있어야 하지."

관료적 사고방식에 젖어 좀처럼 혁신하려 하지 않는 JAL 임원에게 일부러 더 혹독한 표현을 썼다.

하지만 이 시점에서도 JAL 임원들은 '지금 이런 소리나 듣고 있을 때가 아닌데'라는 마음이 더 강했다.

갱생계획의 제출기한은 6월 말이어서 마감이 바로 코앞

에 다가온 상황이었다.

갱생계획이 재판소에 인정을 받지 못하면 JAL 재건의 의지는 급격히 꺾일 것이다.

'고정비용은 얼마나 줄일 수 있는지. 정확하게 예상할 수 있는 이익은 얼마나 되는지. 회사의 장래에 대한 개연성 있는 성장전략을 제안할 수 있는지.'

한정된 시간 안에 해야 할 일은 산처럼 쌓였다.

그것도 비행기가 매일 뜨고 있어서 일상 업무는 평소대로 처리해야만 한다. 당연히 갱생계획 책정사업은 일상 업무가 모두 끝난 심야에 해야 한다. 잔업을 잇는 잔업. 철야를 잇는 철야로 현장 사원은 피곤함에 절어 기진맥진해 있다.

'이런 비상사태에 부하직원만 일을 시키고 우리가 왜 이런 연수를 받아야만 하는가?'

JAL 경영진은 당혹한 표정을 감추지 못했다.

한편으로 이나모리 가즈오의 이야기에 관심을 보이는 간부도 있다. 교세라, KDDI의 매출은 합해서 5조 엔이다. 제로에서 시작해서 그 정도 규모의 회사로 키워낸 뛰어난 기업가는 도대체 어떤 이야기를 해줄 것인지 궁금했다.

"아니 이렇게 바쁜 때에 불러 모으다니"라고 말로는 투덜거리면서도 어느 정도는 기대를 품고 회의실로 발을 옮긴 임원도 있었다.

그런데 이나모리 가즈오가 이야기를 시작하자 대부분이 아연실색하고 말았다.

"다른 사람의 마음을 소중히 여기게."

"거짓말을 하지 말게."

"다른 사람을 속여서는 안 되네."

이나모리 가즈오가 이야기한 것은 마치 초등학교 도덕 교과서에 나올 법한 이야기뿐이었다.

'이렇게 눈이 돌아가게 바쁠 때 어째서 이런 이야기를 듣고 있어야 하는 거야?'

지금 발밑의 궁지에서 빠져나오기 위한 비책을 들을 수 있을 것이라는 기대는 불만으로 바뀌었다.

'제조업 경영만 하다 온 영감님이 갱생계획을 방해하고 있다.'

갱생계획 책정을 서두르는 기업재생지원기구의 멤버로부터도 비판이 나왔다.

이나모리 가즈오는 당시의 상황을 이렇게 말한다.

"JAL 직원들은 아이들에게나 가르쳐야 할 이야기를 왜 우리에게 하느냐고 생각했을 겁니다. 얼굴에 그렇게 쓰여 있어서 이야기하면서도 듣고 있지 않는다는 걸 알았지요. 하지만 이 내용을 머릿속에 심어 넣지 못하면 부문별 채산 (아메바 경영)을 진행하더라도 회사는 바뀌지 않아요. 그래서 끈질기게 설명을 계속했지요."

이나모리 가즈오는 한 달 동안 도덕 선생님 같은 이야기를 진지하게 계속했다.

이나모리 가즈오의 이야기가 끝나면 그 자리에서 뒤풀이를 시작했다. 1인당 500엔의 회비를 걷어 과자와 오징어를 안주 삼아 캔 맥주를 마시면서 이야기를 나누었다. 교세라에서도 KDDI에서도 늘 이렇게 진행해온 이나모리 가즈오식 뒤풀이었다.

그러나 JAL의 임원은 이것도 마음에 들지 않았다.

임원 회의실은 회사의 중요사항을 결정하는 신성한 장소다. 그것도 지금 이 시간에도 부하직원은 아래층에서 열심히 갱생계획을 짜느라 야근을 하고 있다.

'지금 술이나 마시고 있을 때인가!'

"먼저 일어나겠습니다."

"이쪽으로 와서 좀 더 마시지 않겠나"라는 이나모리 가즈오의 권유를 거절하고 임원의 대부분은 서둘러 집으로 돌아갔다. 잔업하고 있는 부하직원이 있는 곳으로 달려간 임원도 있다.

"정신론 설교를 듣고 있을 여유가 없다."

이렇게 말하면서 꺼리는 임원도 있다.

반발하는 임원들을 상대로 고군분투하는 이나모리 가즈오의 옆을 지키던 오타 요시히토는 "옆에서 보고 있는 제가 더 마음이 아팠습니다"라고 회상했다.

이나모리 가즈오도 자신에 대한 반발은 알고 있었지만 멈추지 않았다. 이것은 JAL 재생을 실현하기 위해서 무슨 수를 써서라도 뛰어넘어야 할 벽이기 때문이다.

"고학력에 자존심이 강한 JAL 임원은 마음에 갑옷을 두르고 있었지요. 내가 이야기한 것은 옛날부터 학교 선생님이나 부모님이 아이에게 가르치던 이야기인데, 너무 기초적인 이야기라서 새삼스레 긍정하기엔 너무 하잘것없다고 생각했을지도 몰라요."

"하지만 머리로 알고 있어도 실천하는 사람은 적지요. 그걸 알아주길 바랐습니다."

이나모리 가즈오의 역량은 진품일까?

전환점은 어느 날 갑자기 찾아왔다.

리더 연수도 중반에 접어든 6월 하순, 한 명의 임원이 일어서더니 이렇게 말했다.

"저는 지금까지 잘못 생각하고 있었습니다. 이나모리 가즈오 회장님이 말씀하시는 경영을 해왔다면 JAL은 이렇게 되지 않았을 겁니다."

이케다 히로시.

1972년 입사해서 JAL의 핵심인 경영기획부에서 오랜 경력을 쌓았고, 당시는 정기 국제편을 운항했던 JAL 자회사인 JAL웨이즈JALways의 사장직을 맡고 있었다. 2000년에 최연소 집행임원이 되어 입사 동기로 사장이 된 니시마쓰 하루카를 보좌했다. 2002년 JAL과 JAS의 통합 때는 당시 JAL 사장이었던 가네코 이사오의 브레인으로 활약했다. JAL이 파산하지 않았다면 니시마쓰 하루카의 뒤를 이을 유력한 후보였다.

파산 후 JAL에 남은 경영진 중에서 사이카와 다쓰히토와 어깨를 나란히 하는 고참인 이케다 히로시는 주위에서 인정하는 '우두머리'와 같은 존재였다. 신진 임원들은 이케다 히로시가 이나모리 가즈오에 대해 어떤 태도를 보일지 주시하고 있었다. 이케다 히로시는 처음에는 태도를 분명히 밝히지 않고 이나모리 가즈오가 무엇을 어떻게 하는지 주의 깊게 관찰했다.

'이나모리 가즈오의 역량은 진품일까?'

지불하지 못한 채 커져만 가는 연금 채무, 이익을 남기지 못하는 항공노선, 8개의 노조. JAL의 핵심 세력이었던 니시마쓰 하루카나 이케다 히로시는 파산 후 과거의 경영진이 남긴 패배의 유산과 싸워왔다. 이케다 히로시에게는 JAL이 왜 파산했는지를 가장 잘 아는 사람 중 한 명이라는 자부심이 있었다.

결정하는 것은 경영기획, 돈을 벌어들이는 것은 영업, 비행기를 띄우는 것은 운항, 객실, 공항, 정비. 파산 전 JAL은 각 사업부가 자기만의 방향을 향해 움직였다. 거기에 노조와 정부의 개입이 얽혀 누구도 수입과 지출에 대한 책임을 지지 않은 채 적자의 바다로 가라앉았다.

한 간부가 털어놓았다.

"경영기획팀에서 '이번 분기 영업이익 목표는 500억 엔'이라고 결정하고 각 사업부에 전달합니다. 하지만 주인의식이 없는 사업부 담당자는 '누가 벌어야 하는 거야?'라며 움직이지 않습니다. 결국, 계획은 달성하지 못합니다. 그러면 경영기획팀은 각종 재료를 조합해서 달성하지 못한 변명을 그럴듯하게 만들어냅니다. 이런 짓을 반복해왔습니다."

'그림의 떡'을 먹음직스럽게 그리는 것이 일이었던 경영기획팀이 조직의 정점에 서서 기업의 이익보다는 노조와 정치가나 관료들과 원활한 타협점을 찾아 자신들의 기득권을 지키는 일에 중점을 두고 있었다. 사내에서는 업무성과보다 연줄을 더 중요시하는 정실 인사가 활개를 쳤다.

'병아리 군단'이 제대로 경영을 할 수 있을까?

이런 앞뒤가 꽉 막힌 상태에서 불만이 터진 것이 2006년도의 '4인조 사건'이다. 자회사의 임원 네 명이 당시 JAL의 사장인 신마치 도시유키에게 퇴임을 요구했다. 신마치 도시유키는 이 네 명을 해임하려고 했지만 부과장급의 다수가 4인조를 지지하는 바람에 오히려 신마치 도시유키가 퇴임할 수밖에 없었다. 그리고 후임 사장은 4인조가 아닌 어느 쪽 파벌에도 속하지 않은 니시마쓰 하루카가 선출되었다.

오랜 세월 재무업무를 보아온 니시마쓰 하루카는 JAL의 안살림에 정통해 있어서 이대로 내버려두면 회사 생명이 길지 못하다는 것을 알고 있었다. 니시마쓰 하루카는 과감한 비용삭감을 집행하기 위해 우선은 자신의 연봉을 부장급과 같은 960만 엔으로 낮췄다. 베테랑 기장의 3분의 1밖에 안 되는 연봉이다. 회사가 제공하는 출퇴근용 자가용을 이용하지 않고 전차로 통근했으며 낮에는 사원식당에서 밥을 먹었다. 파벌을 없애기 위해 자신을 포함한 임원들의 개인 사무실을 없애고 사무실을 넓게 터서 함께 사용했다. 그런 니시마쓰 하루카를 참모로 보좌해온 것이 이케다 히로시였다.

하지만 니시마쓰 하루카가 본격적으로 일을 착수하기 직전인 2008년, 미국에서 서브프라임 모기지론으로 유명한 투자은행 리먼브라더스가 파산했다. 그 여파로 세계적인 금융위기를 야기한 리먼쇼크가 터져서 JAL의 자금 융통이 꽉 막혔다. 니시마쓰 하루카는 자금 마련에 급급하게 되었고 개혁은 거기서 멈췄다.

  JAL이라는 회사의 현실을 질리도록 보아온 이케다 히로시는 이나모리 가즈오가 말하는 나카무라 덴푸의 이야기를 또 그렇고 그런, 말만 앞세운 이야기로 '그런 정신론을 아무리 외쳐도 복잡하게 얽힌 회사는 움직이지 않는다'라고 생각했다.

  리더 교육도 마지막으로 치닫는 어느 날, 이케다 히로시는 변함없이 냉담한 시선으로 이나모리 가즈오의 이야기를 듣고 있었다. 그런데 이나모리 가즈오의 이야기 중 한마디가 묘하게 귀에 남았다.

  "전 사원이 온 힘을 다하지 않으면 재건은 이루어지지 않습니다."

  경영기획팀에서 자신은 최선의 경영계획을 만들어왔다. 하지만 그것은 밑에서 올라온 숫자를 좀 더 다듬은 계획이었다. 주어진 숫자로 생각하는 것이 아니라 자신이 현장에 내려가서 생각했다면 좀 더 좋은 경영계획을 만들 수 있었을지도 모른다는 생각이 들었다.

아메바 경영에서는 리더에게 "자신의 아메바(소집단)에 관련된 숫자는 구석구석 전부 파악하라"라고 가르친다. 이나모리 가즈오가 말하는 '전원이 참여하는 경영'이 이루어질 수 있다면 JAL은 부활할지도 모른다는 생각이 들기 시작했다.

"이나모리 가즈오가 하는 말이 전부 옳다고 전면 항복한 것은 아닙니다. 여전히 받아들일 수 없는 부분도 있지만, 제로에서부터 회사를 키워온 사람만이 할 수 있는 옳은 이야기도 있었습니다. 자신이 옳다고 생각한 것은 아랫사람에게도 전해야 한다고 생각했습니다."

이케다 히로시는 JAL웨이즈로 돌아가서 사원들에게 이나모리 가즈오의 철학을 전하기 시작했다.

이케다 히로시의 영향력은 컸다. 파산 직전의 JAL에는 세 가지 타입의 임원이 있었다. 첫 번째 타입은 '열심히 애썼는데 회사를 구하지 못했다'라며 망연자실해진 타입. 두 번째는 '일단은 이나모리 가즈오의 말을 고분고분 들어서 출세를 하자'라는 기회주의 타입. 그리고 마지막으로 이케다 히로시처럼 '파산한 이유는 알지만, 이나모리 가즈오에게 맡겨도 될까?'라며 상황을 지켜보는 타입이다.

세 번째 타입의 선두에 선 이케다 히로시가 '이나모리 가즈오를 따르겠다'고 선언하면서 경영진의 방향성은 한 방향으로 모였다. 이케다 히로시가 "저는 지금까지 잘못 생각하고 있었습니다"라는 발언을 한 것은 중구난방이던 경영진이 하나로 뭉치길 원했기 때문이기도 하다.

가네코 이사오가 사장이었을 시절부터 JAL의 핵심에서 활약한 경험을 가진 이케다 히로시는 파산 후에 급조되어 대표로 활약하는 오니시 마사루와 우에키 요시하루를 '병아리 군단'이라고 불렀다.

정비 전문인 오니시 마사루와 조종사 출신의 우에키 요시하루. JAL 대표 자리에 앉을 만한 출세에 관련된 핵심직무 경험이 없는 두 사람을 보면서 '너희가 JAL 경영을 할 수나 있겠는가'라는 생각도 있었다.

이나모리 가즈오도 같은 생각을 했다. 이케다 히로시가 교육 중에 발언을 한 날, 뒤풀이 자리에서 이나모리 가즈오는 이케다 히로시를 종용했다.

"어떤가? 함께하지 않겠는가?"

하지만 이케다 히로시는 'JAL를 구하지 못한 내가 남아서는 안 된다'라고 생각했다.

2010년 12월 이케다 히로시는 오니시 마사루에게 "열심히 하게"라는 말을 남기고 JAL을 떠났다.

JAL의 조종실을 장악하다

이나모리 가즈오가 JAL에 올라탄 첫 200일. 그동안은 '회사'에 대한 생각이 서로 다른 JAL 임원의 기존 개념과 이나모리 가즈오의 철학이 부딪쳤던 기간이었다.

럭비에서는 게임을 시작하고 처음 짜는 '퍼스트 스크럼'이 승패를 좌우한다고 한다. 실제로 밀어봐야 어느 쪽 포워드가 강한지 확실히 알 수 있다. 이나모리 가즈오는 중요한 첫 힘겨루기에서 상대를 제압했다.

이나모리 가즈오는 이렇게 회상한다.

"나는 항상 평범한 이야기를 했어요. 아마도 동네 할아버지가 해줄 만한 이야기만 했기 때문에 보통의 지식인이라면 귀에 들어오지 않았을지도 모릅니다."

"하지만 JAL은 파산한 회사이고 얇은 판자에 의지해서 바다에 떠 있는 상태였지요. 말하자면 난파선이랄까. 그런 상황을 어떻게 극복할 수 있을지 고민했겠지요. 그들 안에서도 어떻게 해서든 살아남고 싶다는 의사가 있었기 때문에 내 이야기가 먹혔다고 생각합니다."

이나모리 가즈오의 분석은 정확했다. 회장인 오니시 마사루가 말했다.

"사장이 되고 나서 내가 사원에게 한 말은 '일단은 과거와 결별하자'였습니다. 회사를 뿌리부터 바꾸고 싶었습니다."

"하지만 전부 바꾼다고 해도 어떤 회사로 바꿔야 할지, 아무것도 계획하지 못한 백지상태였습니다. 파산한 회사는 의지할 것이 없습니다. 그때 경영자로 50여 년의 경험을 쌓은 이나모리 가즈오 전 회장님이 왔습니다. 배워야 한다, 배우는 수밖에 없다고 생각했습니다."

파산 직후 오니시 마사루는 망연자실 타입에 가까웠다.

이나모리 가즈오가 리더 교육을 억지로 강행한 것도 이유가 되어서 갱생계획 제출은 2개월 후로 연기되었다. 하지만 리더 교육이 거의 끝나갈 무렵에는 '쓸모없는 짓'이라고 말하는 임원은 없어졌다. 확고한 신념으로 무장한 이나모리 가즈오의 이야기는 빗방울이 바위를 뚫듯이 JAL 임원의 마음에 젖어들었다.

100일 남짓한 냉전을 거쳐 이나모리 가즈오는 JAL의 조종실을 장악했다.

"도대체 임원 회의실에서 무슨 일이 벌어지는 거야?"

리더 교육이 시작된 지 얼마 후 이케다 히로시처럼 이나모리 가즈오에게 감화되어 돌아오는 임원이 속출했다. 임원의 변한 모습에 놀란 사원들은 리더 교육의 내용에 흥미를 보이기 시작했다.

"그렇게 대단한 연수라면 우리도 받게 해주세요."

부장들이 이렇게 말하기 시작했다.

리더 교육을 계획한 오타 요시히토로서는 예정된 순서였지만, 마땅한 장소가 없었다. 리더 교육 대상은 100명이 채 안 되었지만 전 사원 3만 2,000명을 교육하려면 넓은 장소가 필요했다. 구조조정으로 사무실 수도 줄여 빡빡하게 운영하고 있는 JAL에 그런 장소는 없었다.

오타 요시히토가 곤란해하자 정비본부의 간부가 도움의

손길을 뻗었다.

"하네다공항에 창고가 하나 비어 있다는 이야기를 들었어요."

비어 있다고는 해도 창고는 창고일 뿐이다. 많은 사람이 모이는 연수원으로 사용하기 위해서는 대대적인 개조가 필요했지만, 갱생계획이 진행 중인 회사에 그런 경제적 여유는 없다.

'우리 손으로 할 수밖에 없군.'

오타 요시히토는 돈을 거의 들이지 않기 위해 직접 창고를 교실로 만들기를 제안했다. JAL 사원도 돕겠다고 나섰다. 이전 JAL에서는 상상할 수 없는 광경이다. 쉬는 시간에 사원이 총출동해서 창고에 몰려 들어가 안에 있던 자재를 정리하고 합판으로 칸막이를 만들었다.

이렇게 해서 2011년 4월, 책상도 의자도 전부 제각각인 직접 만든 교실이 완성되었다.

2
경영에 금기어는 없다

1,155일간의 투쟁

경영의 목적은 직원의 행복추구

JAL의 회장으로 가서 처음 200일 동안, 이나모리 가즈오는 JAL의 임원과 격렬하게 충돌했다. 하지만 JAL 사원에게는 전혀 다른 얼굴을 보였다.

JAL에 새로 부임한 2010년 2월 1일. 이나모리 가즈오는 JAL 본사 2층의 윙 홀에 간부사원 200명을 불러 모았다.

우선 '이나모리 가즈오팀'을 소개했다. 팀이라고는 했지만, 이나모리 가즈오와 JAL에 함께 온 직원은 단 두 명이었다.

부문별 채산제도를 도입하려는 중소기업의 경영개선을

지원하는, 교세라그룹의 경영컨설팅 회사인 KCCS매니지먼트컨설팅 회장이며 '아메바 경영의 전도사'로 불리는 모리타 나오유키. 오랜 시간 이나모리 가즈오의 비서직을 맡아 이나모리 가즈오의 철학을 속속들이 꿰뚫고 있는 오타 요시히토. 3월 하순에 카메라 제조업체인 야시카 그리고 복사기 제조업체인 미타공업현 교세라도큐먼트솔루션스 등 교세라가 지원한 기업의 재건에 전념해온 '재건의 프로'라고 불리는 요네야마 마코토가 합세했지만, 처음에는 두 명뿐이었다.

소개가 끝나고 이나모리 가즈오의 이야기가 시작되었다. 이나모리 가즈오는 우선 나카무라 덴푸의 이야기로 시작했다.

그러나 JAL 사원들은 왜 이 자리에서 이나모리 가즈오가 나카무라 덴푸의 이야기를 하는지 알 수가 없었다. 이나모리 가즈오는 이야기를 계속했다.

"여러분 중에는 편하게 돈을 벌고 싶고, 유명해지고 싶다는 이기심이나 사심을 품은 사람이 있을 것입니다. 그것이 인간으로서 평범한 모습입니다."

"하지만 여러분에게는 또 다른 마음이 하나 있습니다. 불평과 불만을 앞세우지 않고 다른 사람을 먼저 배려하는 아름다운 마음, 양심입니다. 이타의 마음이라고도 말합니다."

"그것은 노력해서 깨우지 않으면 나오지 않습니다. 마음을 정리하고 정화시켜 양심을 일깨워야만 합니다. 대의를 위해서 노력합시다. 그러면 분명히 멋진 인생이 열릴 것입니다."

JAL 간부들이 어리둥절해하면서 듣는 동안 이야기는 예상도 못 했던 방향으로 흘러가고 있었다.

"회사 경영의 목적이 뭐라고 생각합니까? 이익을 남기고 고객에게 좋은 서비스를 제공하는 등의 여러 목적이 있겠지만, 내가 생각하는 경영의 가장 큰 목적은 사원의 행복추구입니다."

"나는 다른 업무도 있어서 JAL에 매일 올 수는 없습니다. 그래서 보수를 받지 않고 일을 하겠다고 했습니다. 일주일에 사흘밖에 오지 못하지만, 어떻게 해서든 이번 갱생 계획을 달성할 생각입니다. 그 목적은 사원의 행복추구를 위해서입니다."

잠깐 사이를 두고 이나모리 가즈오는 선언했다.

"주주를 위해서도 관재인을 위해서도 아닙니다. '전 직원의 물심양면에 걸친 행복추구'입니다. 경영의 목표는 이것 하나로 승화해서 JAL 재건에 힘을 쏟으려고 합니다. 그러기 위해서 경영정보를 모든 사원에게 공개하겠습니다."

뒤풀이에서 물수건이 날아다니고

이나모리 가즈오의 취임 인사가 끝나자 집행임원인 기쿠야마 히데키가 얼굴이 하얗게 질려서 오타 요시히토가 있는 곳으로 뛰어왔다.

"오타 요시히토 씨, 그건 절대 안 됩니다."

"어떤 것 말씀입니까?"

"이나모리 가즈오 회장님도 오타 요시히토 씨도 JAL의 노조를 잘 몰라서 그러시는 거예요. 이 회사의 대표가 직원의 행복을 위해 일한다는 소리를 해버리면 엄청난 일이 벌어집니다."

"하지만 사원이 있어야 회사가 있는 거잖습니까?"

"그건 사정을 모르니까 하는 소리예요."

기쿠야마 히데키는 원래 회사갱생법 적용 자체를 반대했었다. 그런 짓을 하면 JAL을 이용하는 고객의 신용을 잃어 아무도 JAL을 타지 않게 된다고 생각했다. 하지만 기쿠야마 히데키의 저항은 보람도 없이 결국 회사는 갱생법을 신청했고 이나모리 가즈오팀이 들어왔다.

"어차피 갱생 따위 잘될 리가 없습니다."

자포자기한 심정으로 기쿠야마 히데키는 첫 뒤풀이 자리에서 이나모리 가즈오의 연설 내용을 물고 늘어졌다.

"회장님, 그때 하신 말씀은 금기어입니다."

"어떤 말이 금기어라는 건가?"

"직원의 행복에 대해 말씀하신 거요."

"왜 그런 말이 금기어인가?"

이나모리 가즈오는 괴이하다는 표정이었다. 하지만 기쿠야마 히데키가 하는 말도 일리가 있었다.

소설가인 야마사키 도요코가 《지지 않는 태양沈まぬ太陽》에서 모티브로 사용했듯이 JAL의 역사는 노사대립의 역사다.

JAL에는 '기장조합', '재팬승무원조합', '선임항공기관사조합', '일항조합', '캐빈크루유니온', '승무원조합', '재팬노동조합'이라는 권리의식이 높은 7개의 급진적인 조합과 경영자 편에 가까운 'JALFIO(JAL노동조합)' 1개를 합해서 총 8개의 조합이 있다.

동맹파업권을 방패로 회사와 대립하는 노조와 회사 쪽에 선 노조가 서로 얽혀서 경영을 제대로 꾸려갈 수 없었던 시기도 있었다.

파산의 원인이 된 JAL의 높은 비용구조 체질을 개조하려면 사원의 대우를 포함해서 모든 방면에서 과감한 정리가 필요했다. 'JAL 재생의 최대 장벽은 조합 문제'라고 보는 견해도 있었다.

그런 JAL에서 이나모리 가즈오는 '직원의 행복이 첫 번째 목표'라고 선언했다. 기쿠야마 히데키가 아니더라도 노사관계로 고통을 받아온 JAL 임원들은 일제히 간담이 서늘했을 것이다.

술기운을 빌려서 JAL의 노사관계의 어려움을 강조하는 기쿠야마 히데키에게 이나모리 가즈오는 이렇게 말했다.

"하지만 말이야, 경영진과 사원이 정보를 공유하는 것은 중요한 일이네. 이게 안 되면 전원이 참여하는 경영은 할 수가 없어."

"회장님, 정보를 개방하는 일은 절대 안 됩니다. 그런 일을 벌이면 조합이 기어오릅니다."

이나모리 가즈오의 노여움이 폭발했다.

"자네는 무슨 소리를 하는 건가! 사원을 믿지 않고 무슨 경영을 하는가!"

이나모리 가즈오는 바로 앞에 있던 물수건을 기쿠야마 히데키에게 집어 던졌다.

괴문서가 난립하는 '노사' '노노'의 대립

'노사협력'을 주장하는 이나모리 가즈오의 연설을 듣고 1970년대에 입사한 베테랑 사원은 한 인물을 떠올렸다.

이토 준지.

1968년 45세의 나이로 가네사후치방적현 가네보의 사장이 되어 '노사협력'과 '펜타곤 경영'으로 불리는 다각화 경영으로 이름을 날린 경영자다. 1985년에 JAL 민영화를 결정한 총리대신인 나카소네 야스히로는 JAL을 개혁할 경영자를 찾고 있었다. 그러나 일본경제단체연합회 등의 재계인에게 아무리 부탁을 해도 JAL의 대표를 맡으려는 인물을 찾을 수 없었다. 도쿄 하네다공항을 이륙해서 오사카로 향할 예정이었던 JAL 123편이 조종 불능으로 추락한 '오스타카산 사건'이 일어난 직후였기 때문이다.

곤란에 빠진 나카소네를 구한 것이 제2차 임시행정조사회의 위원을 맡고 있던 이토추상사의 회장인 세지마 류조였다. 세지마 류조는 노무정책을 잘 운용하는 이토 준지를 점찍어 두었다가 끈질기게 설득해서 JAL 부회장으로 앉힐 수 있었다. 부회장이 된 다음 해 이토 준지는 회장이 되었다.

《지지 않는 태양》의 제3부 〈회장실〉 편은 이 시절이 모델이 되었다고 한다. 주인공은 노동조합위원장으로 경영진과 대립한 것이 원인이 되어 아시아, 중동, 아프리카로 내돌리게 된다. 나중에 일본에 돌아와서는 외부에서 초빙해온 회장의 측근이 되어 사내개혁에 뛰어든다. 이 회장의 모델이 이토 준지라고 한다.

이토 준지는 JAL에서 노사협력과 다각화 경영을 추진했다. 그러나 노사관계뿐만이 아니라 급진적 노조와 회사 측 노조가 벌이는 '노노 대립'도 심각했다. 이토 준지는 구심

점을 잃었고, 사내에는 괴문서가 돌아다녔다. 관료 출신인 야마지 스스무 사장과의 의견 충돌로 인한 불화도 깊어져서 이토 준지는 결국 2년도 못 채운 1987년에 회장을 사임했다. 그 후 더욱 악화된 노사관계만이 남았다.

이토 준지는 가네보에서 당시 사장이었던 무토 이토지의 비서직에 있었다. 무토 이토지는 가네보 중흥의 시조로 불리는 무토 산지의 아들이다.

무토 산지는 다이쇼 시대1912~1926에 미쓰이은행현 미쓰이스미토모은행에서 가네가후치방적으로 보내져 일본의 방적 회사를 계속 흡수하여 '일본의 방적왕'이 되었다.

무토 산지는 열악한 노동환경 속에서 일하는 공장 직원의 대우를 개선했다. 일본에 처음으로 기업연금을 도입한 것도 무토 산지다. 그의 사상은 '경영가족주의', '온정주의'라고 불리면서 노사협력이 기축이 되는 일본 경영의 바탕이 되었다.

아들인 무토 이토지도 노사협력 노선을 이어갔지만, 당시 방적업계는 '오후 3시 산업'이라고 불리는 기울어가는 산업이었다. 무토 이토지는 심혈을 기울여 화장품, 약품,

식품, 주택의 4가지 분야에 진출해서 섬유를 합쳐 총 5개 사업을 전개하는 '펜타곤5각형 경영'을 만들어냈다.

하지만 화려한 다각화 경영의 뒷면에는 심각한 집안 불화가 끊어지지 않았고 무토 이토지는 자신을 끌어내리려는 세력을 견제하기 위해서 노동조합을 이용했다. 당시 무토 이토지의 오른팔로 노동조합대책을 맡았던 사람이 이토 준지였다.

노조를 자기편으로 만든 이토 준지는 무토 이토지를 뛰어넘어 45세의 젊은 나이로 가네보의 사장이 되었다. 이토 준지의 노사협력 노선은 점점 더 선명해졌지만 무토 산지 시대에 회사에 대한 귀속의식을 키워주는 구조였던 노사협력은 언젠가부터 노조의 '기득권'으로 바뀌어갔다.

이토 준지가 물러난 후 가네보는 경영위기에 빠졌다. 노사협력의 전통은 여전히 강해서 경영진이 지도력을 발휘하지 못한 채 구조조정이 계속 늦춰졌다. 2004년에는 회사의 영업실적을 좋게 보이기 위해 자산평가방식이나 수지상황을 속이는 분식결산을 한 사실이 드러나게 되었다.

결국, 가네보는 산업재생지원기구의 지원을 받아 사적

정리私的整理, 법적 절차에 의존하지 않고 채무자와 채권자가 합의를 통해 자주적으로 부채를 정리하는 파산처리 방법의 하나를 하게 되었고 가네보화장품, 크라시에홀딩스Kracie Holdings 등으로 해체되었다.

이토 준지는 JAL에서도 자신의 강점인 노사협력을 전개했다. 하지만 그런 시도는 노사, 노노의 대립에 기름을 끼얹는 결과만 낳았다.

목숨을 내놓아도 좋다

'또 그때 같은 일이 벌어지는 건 아닐까?'

'노사협력'을 제창한 이나모리 가즈오의 연설을 들은 JAL의 베테랑 사원들은 이토 준지에게 휘둘렸던 과거를 떠올리며 암울한 기분에 빠졌다.

하지만 이나모리 가즈오는 이런 JAL의 복잡한 노사관계는 모른 채 '직원의 행복'을 주장했던 것은 아니다. 오히려 불행한 노사대립의 역사를 알기 때문에 더욱 노사협력을 강조한 것이다.

'전 직원의 물심양면에 걸친 행복추구'는 이나모리 가즈오가 교세라의 창업기에 정한 경영이념이다.

그 의미를 알려면 시대를 반세기 이상 거슬러 올라가야 한다.

1961년, 교세라를 창업하고 3년째의 이나모리 가즈오는 고졸사원 11명이 정기승급 등 장래 보장을 요구하면서 "받아들여 주지 않으면 모두 회사를 그만두겠다"라는 위협에 직면했다.

"직장에 다닐 수 있는 것만으로도 감사한 일이야"라고 말하던 전후시기는 끝났다. 일하는 자의 권리에 눈을 뜬 노동자가 목소리를 높여 처우개선을 주장하는 시대였다. 각지에서 노동쟁의의 폭풍이 휘몰아치고 그 바람이 이제 막 태어난 교세라에도 불어닥쳤다.

오래 고민해서 각오하고 온 사원들이다. 그들에게 말로만 승급을 약속하는 것은 간단한 일이었다. 하지만 회사를 시작한 지 얼마 되지 않아 실적은 아직 불안정했다. 지금 약속을 하더라도 만일 정기승급을 실현하지 못할 상황이 닥치면 약속은 거짓말이 되어버린다. 30세의 이나모리 가즈오는 고민에 빠졌다. 결국, 내린 결론은 '거짓말은 하지 않겠다'였다.

정기승급은 약속할 수 없지만, 사원의 급여가 올라갈 수 있도록 회사의 성장을 위해 필사적으로 노력하겠다는 것이다. 이나모리 가즈오는 이렇게 설명했다.

"나를 믿어주었으면 좋겠습니다. 만일 내가 엉터리 경영을 하고 사리사욕을 위해 일하는 일이 생긴다면 내 목숨을 내놓아도 상관없습니다."

마지막까지 저항한 젊은이에게 이나모리 가즈오는 이렇게 설득했다.

그때 이나모리 가즈오는 직원의 삶을 책임지는 경영의 무게감을 확실히 알게 되었다.

'엄청난 일을 시작했구나.'

이나모리 가즈오는 기술자로서 자신의 꿈을 실현하기 위해 회사를 만들었다. 자신의 장래가 어떻게 될지는 알 수 없었지만, 그것은 그것대로 상관없었다.

그러나 자신을 따라 회사에서 일하는 직원은 앞으로 몇 년 앞의 처우개선을 기대하고 가족까지 포함한 장래에 대한 보증을 회사에 원하고 있다.

회사를 세워 기업을 경영하는 것이란 '현재는 물론이고

장래에도 직원과 그 가족의 삶을 지켜내는 것이다'라고 깨달았다.

자신을 위해서가 아니라 사원을 위해서 경영을 해야만 했다. 그때 생겨난 것이 '전 직원의 물심양면에 걸친 행복 추구'라는 이념이다.

사원의 신뢰를 잃고 어떻게 재건을 하겠는가

복잡한 노사관계의 역사를 지닌 JAL의 경영진은 노조에 대해 아무것도 믿지 못하는 의심암귀가 되어서 불신만 깊어갔고 노조도 경영진을 믿지 않았다.

'노사협력이라는 것이 진짜 가능하긴 한 걸까?'

이런 마음을 품고 있던 사장인 우에키 요시하루에게 이나모리 가즈오는 이런 말을 했다.

"경영이 '사원의 행복'을 지향하면 노사의 종착역은 같아지는 게 아닌가. 목표가 같다면 말이 통할 것이야. 노조와 철저하게 의견을 나누면 되네."

긴 세월 노사대립을 계속해온 JAL 경영진에게는 '사원=

노조원'으로 보는 습관이 들어버렸다. 경영에 관련된 숫자를 사원에게 알려주면 노조에 정보가 흘러들어 가 쟁의의 구실로 사용한다고 생각했다.

'백성은 따르게는 할 수 있지만, 그 원리를 다 알게 할 수는 없다'는 《논어》의 한 구절을 잘못 이해한 JAL 경영진은 '따르게 하려면 절대 알려주지 않고 감춰야 한다'는 습성이 굳어졌다.

이나모리 가즈오의 아메바 경영은 이와 반대편에 선 경영이다.

회사의 수천, 수만 명의 직원을 수백 개의 소집단(아메바)으로 나눠 각각의 소집단이 '오늘 한 업무의 이득과 손해'를 한눈에 알아볼 수 있도록 하는 것이 아메바 경영의 핵심이다.

바른 정보를 알려주면 현장은 위에서 떨어지는 지시를 기다리지 않고 스스로 생각해서 적절한 행동을 할 수 있게 된다. '원리를 알게 하는 것'이 이나모리 가즈오 경영의 첫걸음이다.

이나모리 가즈오는 우에키 요시하루에게 말했다.

"좀 누설되면 어떤가? 숨겨서 얻을 수 있는 것이 얼마나 될 것 같은가? 그걸 숨기자고 얼마나 많은 것을 잃고 있는지는 알아야 하네. 사원의 신뢰를 잃고 어떻게 재건을 하겠는가?"

이나모리 가즈오는 자신의 말을 실천에 옮겼다.

이나모리 가즈오는 JAL 노조 중에서도 강경파로 알려진 '기장조합'과 '승무원조합'의 노조원인 조종사를 모아 그 자리에서 경영의 실태를 정직하게 이야기했다. 모두가 급진적인 조합원에게 규탄받을 것을 걱정했지만, 이나모리 가즈오는 일부러 단체교섭과 같은 형식을 버리고 무방비 상태로 훌쩍 조종사들의 원 안으로 들어갔다.

구조조정 때문에 기장으로 승진할 기회가 늦어진 부기장들의 불만의 소리가 터졌지만, 이나모리 가즈오는 회유책을 쓰지도 않았고, 해고를 무기 삼아 위협하지도 않았다. 있는 그대로의 회사의 궁핍한 상황을 담담하게 이야기했다.

"승무원조합이 강경하다는 이야기는 여러 곳에서 들었지요. 하지만 회사가 일단 파산을 해서 법적정리를 받는 상황이고, 이 상황을 이기고 일어나고 싶다는 생각은 그들도 같다고 생각합니다. 그래서 선입견을 버리고, 책략으로 속이려 하지 않고 진실을 이야기했지요."

이나모리 가즈오는 이렇게 말했다.

화를 내는 모습에서 진심을 보았다

JAL은 갱생계획에 따라 조종사의 인건비를 약 40퍼센트 삭감했다. 예전의 JAL이라면 '동맹 휴업이 터지는 상황을 각오해야 하는 국면'이었다. 하지만 노조는 조용했다.

"언젠가 한 임원에게 들었는데, 한 명의 조종사를 키우는 데 1억 엔 가까운 돈이 든다고 하더군요. 회사로부터 그 정도의 교육을 받은 그들은 오히려 회사에 감사해야 하는 것이 도리라고 생각합니다. 자신의 권리만 주장한다면 인간으로서 문제가 있는 거예요. 아마 이런 내 생각이 그들에게 전해졌을 겁니다."

조종사는 지금까지 회사에서 애물단지 취급을 받아왔다. 그런 조종사 중 한 명이 이나모리 가즈오와 이야기를 한 후에 이렇게 말했다.

"이나모리 가즈오 회장님은 진짜 저희를 위해 화를 낸다는 것이 느껴졌습니다. 그 모습을 보니 처음으로 경영자의 진심을 알 것 같았습니다."

있는 그대로의 정보를 공유하면 사원은 경영자의 마인드를 갖게 된다. 그렇게만 되면 조직은 위에서 내려오는 지시가 아닌 현장의 의지로 돌아갈 수 있다. 이것이 이나모리 가즈오가 말하는 '스스로 타오르는 집단'이다.

뒤풀이 자리에서 "그건 금기어입니다"라고 말하는 바람에 이나모리 가즈오에게 물수건 세례를 받은 상무 집행임원 기쿠야마 히데키는 교토에 있는 교세라 본사를 방문했을 때, 1층 엘리베이터 홀에 있는 이나모리 가즈오의 흉상을 스마트폰으로 촬영해서 대기화면으로 삼았다. 지금은 이나모리 가즈오 철학의 신봉자다.

이나모리 가즈오 경영에 '금기어'는 없다.

3
싫어하던 JAL을 맡다

1,155일간의 투쟁

기업가가 아니면 JAL은 변하지 않는다

2009년 8월에 'JAL 경영개선을 위한 관계자 회의' 제1회 회합이 열렸다. 의장은 히도쓰바시대학 학장인 스기야마 다케히코. 국토교통성의 사무차관 등의 관료, 당시의 JAL 사장인 니시마쓰 하루카 그리고 주력 은행의 담당자 등이 모두 모였다.

2006년 6월에 JAL 사장으로 취임한 니시마쓰 하루카는 재무 관련 업무만 줄곧 해온 사람으로 지금까지의 JAL 사장들과는 다른 경력의 소유자였다. 그해 2월, JAL에서는 JAL 자회사의 임원 네 명이 취임한 지 2년째인 신마치 도시유키 사장에게 퇴임을 요구하는 '4인조 사건'이 일어났다. 2005년에는 계기판과 엔진불량 등이 원인인 운항 트러블이 끊이질 않았다.

사태 수습을 위해 어느 파벌에도 속하지 않은 니시마쓰 하루카에게 사장직 순서가 넘어온 것처럼 보였지만, 실은 니시마쓰 하루카의 사장직 기용에는 또 다른 목적이 있었다. 바로 자금 융통이다.

이전부터 '파산 상태인 재정을 숨기고 있다는 소문이 돌았던 JAL 경영은 리먼쇼크로 인해 수입이 급감하자 드디어 위기가 표면화되었다. 은행단의 추가융자나 억지 공모증자로 줄타기를 하며 자금 조정을 계속했지만, 한계가 보이기 시작했다.

니시마쓰 하루카는 사장 취임 직후, 즉 주주총회 직후에 공모증자를 시행했다. 발행이 끝난 주식의 35퍼센트에 해당하는 7억 주를 신규발행해서 시장으로부터 2000억 엔을 조달할 계획이었지만, 전혀 내색도 하지 않다가 주주총회 직후에 갑자기 증자를 공모하는 수법은 시장 관계자에게 비난을 받아 조달금액이 1400억 엔에도 미치지 못했다.

'이제 막바지'라는 위기감을 느낀 정부와 자민당은 JAL의 재건을 위해 관계자 회의를 결성했다.

관계자 회의는 적자 운항노선 폐지, 인원 감축, 연금급여의 삭감, 금융지원 등 당시로서는 상당히 구체적인 내용의 재건 대책을 제시했다. 하지만 이 내용이 실행으로 옮겨질 가능성은 낮았다. 민주당에 대한 선거 예측결과로 봤을 때 9월 총선거에서 정권교체가 거의 확실하다고 전망했기 때문이다.

9월 총선거에서는 민주당의 압승으로 정권교체가 실현되었다. 그러자 국토교통성 대신으로 임명된 마에하라 세이지는 취임회견에서 관계자 회의가 정리한 JAL 재건 대책을 '처음부터 다시 시작하라'고 말했다. 계획은 다시 원점으로 돌아왔다.

마에하라 세이지는 예선에 산업재생기구에서 재생위원장을 지낸 변호사 다카기 신지로와 경영 컨설턴트인 도야마 가즈히코 등을 기용해서 'JAL 재생의 태스크포스'를 가동했다.

다카기 신지로와 도야마 가즈히코는 2003년부터 2007년까지 4년 동안 가네보와 다이에의 사업재생에 관여한 산업재생기구에서 함께 짝을 지어 일한 사이다. 역시 산업재생기구의 멤버였던 PWC어드바이저리_{현 프라이스워터하우스쿠퍼스}의 중역 사업파트너인 다사쿠 도모오도 태스크포스 멤버로 추가되었다.

그들이 주로 해결하던 방법은 회사갱생법 등을 사용한 법적정리가 아니라 파산하기 전에 관계자의 이해득실 관계를 조정해서 불채산 부문의 매각 등으로 사업을 재생하는 사적정리다. 이들은 사적정리 방법의 하나인 '사업재생 ADR_{재판 외 분쟁해결}'을 염두에 두고 JAL 재생계획을 세우기 시작했다.

어떤 재건 방법을 채택하더라도 인원감축과 채무조정이라는 통증을 동반하는 개혁에 발을 들여놓은 이상 JAL 재건에는 새로운 리더가 필요했다.

다카기 신지로는 JAL 재건의 선두에 설 인물 선정 기준을 이렇게 세웠다.

"대기업의 월급사장은 안 됩니다. 자신의 노력으로 기업을 일으킨 인물이 아니면 수익감각이 엉망인 JAL 사원들을 바꾸지 못합니다. 아무리 계획을 잘 세워도 JAL의 관료

체질이 바뀌지 않으면 재생은 성공하지 못합니다. 고난에 꺾이지 않고 강한 영향력을 발휘할 사람이 필요합니다."

떠오른 후보는 이나모리 가즈오와 일본전산 사장인 나가모리 시게노부.

마에하라 세이지 대신에게 자문하자 "그럼 이나모리 가즈오 씨에게 부탁합시다"라고 바로 결정했다.

마에하라 세이지와 이나모리 가즈오의 관계는 오래전부터 시작되었다. 1991년 교토부 의원으로 당선되었을 때부터 마에하라 세이지는 자신의 선거구에 있는 교세라 본사에 자주 얼굴을 내밀었다. 중학생 때 부친을 잃은 마에하라 세이지는 이나모리 가즈오를 아버지처럼 따랐고, 아무리 싫은 소리를 해도 항상 밝은 모습인 마에하라 세이지를 이나모리 가즈오는 아들처럼 아꼈다.

국토교통성 대신 마에하라 세이지의 삼고초려

이나모리 가즈오가 아끼는 마에하라 세이지의 부탁이지만, JAL 건은 사정이 달랐다.

이나모리 가즈오는 JAL을 아주 싫어했기 때문이다.

"이전의 JAL은 객실승무원도 카운터 직원도 매뉴얼대로만 업무를 하지요. 정중하지만 마음이 담겨 있지 않다는 건 보면 알지요. 고학력 간부들은 자존심은 강하면서 정치가와 관료에게는 굽실거립니다."

이나모리 가즈오는 예전부터 국내 출장 비행기는 ANA를 이용했다.

"JAL의 횡포에도 꺾이지 않고 따라잡으려고 열심히 노력하는 모습이 좋았습니다."

제2전신전화주식회사_{현 KDDI}을 일으켜 일본전신전화공사_{현 NTT}에 맞서온 자신과 아주 비슷한 상황에 놓인 ANA를 응원해왔다.

그래서 회장 취임을 부탁하러 온 마에하라 세이지에게 이나모리 가즈오는 "나는 항공업계에 대해서는 전혀 모르네. 사람을 잘못 골랐어"라며 그냥 돌려보냈다.

하지만 마에하라 세이지는 포기하지 않았다. 바쁘게 공무를 보는 중에도 짬을 내서 몇 번이고 이나모리 가즈오에게 와서 계속 머리를 숙였다.

12월 말, 이나모리 가즈오는 도쿄 야에스에 있는 교세라 도쿄지사를 방문한 마에하라 세이지에게 이렇게 물었다.

"나 말고 또 누구에게 부탁하고 있나?"

"다른 사람은 없습니다."

"만일 내가 거절하면?"

"갱생법 신청을 한 시점에 경영자가 정해지지 못하면 국가는 신뢰를 잃고 일본 경제도 타격을 입게 될 겁니다."

이런 말을 남기고 마에하라 세이지는 돌아갔다.

연말연시를 교토의 자택에서 보낸 이나모리 가즈오는 자문자답을 반복했다.

'이런 나이에 재건의 격무를 견딜 수 있을까?'

그러나 이나모리 가즈오 안에서는 이미 답이 나와 있었다.

JAL이 없어지면 남은 3만 2,000명의 고용도 사라진다. 일본의 항공업체는 ANA 독점 상태가 되어 건전한 경쟁이 사라져 일본 경제에 악영향을 끼친다.

'JAL의 재건에는 대의가 있다.'

그러는 중에 JAL의 재건 방법에도 커다란 방침 전환이 있었다.

재판 외 분쟁해결 절차에 의한 재건을 사업재생의 목표로 하는 태스크포스가 채무조정과 재정지원을 둘러싸고 JAL의 최대 채권자인 일본정책투자은행과 대형 은행들을 설득하지 못하고 말았다. 재정지원 기능을 갖추지 못한 태스크포스는 JAL 재건의 공식적인 자리에서 물러났다.

태스크포스를 대신해서 JAL 재건을 짊어지게 된 것은 2009년 10월에 막 발족을 마친 관민펀드인 기업재생지원기구였다. JAL 재생에는 거액의 공적자금을 사용해야 하므로 마에하라 세이지는 '법적정리'라는 극약을 사용할 것을 결심하고 있었다.

이나모리 가즈오도 다카기 신지로를 필두로 한 태스크포스의 멤버에게 JAL 회장직에 취임할 것을 의뢰받았을 때, 사적정리로 JAL을 구하기는 어려울 것으로 생각했다.

재판소의 힘을 등에 업고 채권채무관계를 조정하겠다는 과감한 결정인 '법적정리안'이 떠오른 것이 이나모리 가즈오가 JAL 회장직 권유를 받아들이기로 결단한 요인이 되었다.

해가 바뀌어 2010년 1월 13일, 이나모리 가즈오는 마에하라 세이지에게 '수락'하겠다는 의사를 전달했다.

하지만 회장직을 수락한 후에도 한 가지 문제가 남았다.

"갱생법 적용신청은 언제인가?"

"1월 19일로 정했습니다."

"그날은 안 되네. 선약이 있는데, 바꿀 수 없는가?"

"관계자가 많아서 일정은 바꿀 수 없습니다."

19일에는 이나모리 가즈오가 대표를 맡은 경영 아카데미인 '세이와주쿠'가 하와이에 설립되어 개회식이 예정되어 있었다. 세이와주쿠의 회원은 국내외에 8,000명이 있다. 회원의 대부분은 중소기업의 경영자다. 그들의 경영 상담을 하는 세이와주쿠 활동은 이나모리 가즈오가 최우선으로 놓고 하는 일이다.

"알겠습니다. 회장직을 수락만 해주신다면 당일은 결석하셔도 괜찮습니다."

마에하라 세이지의 끈기가 빛을 보는 순간이었다.

오자와 이치로와 이나모리 가즈오

이나모리 가즈오에게 뜨거운 감자를 삼키게 한 것은 마

에하라 세이지 한 사람의 공적이 아니다. 이나모리 가즈오는 1991년, 미야자와 기이치 내각의 제3차 임시행정개혁추진심의회에서 '세계 속의 일본부회'의 회장에 취임했다. 관저에 발을 들여놓기 시작한 이나모리 가즈오는 정치가 몇 명과 안면을 트게 되었다. 그중 한 명이 당시 자민당 간사장인 오자와 이치로다. 1993년 오자와 이치로가 펴낸 책 《일본 개조 계획》을 읽은 이나모리 가즈오는 오자와 이치로에 대해서 '심지가 있는 정치가'라고 생각했다.

그때를 전후해서 이나모리 가즈오의 모친이 세상을 떴다. 가고시마 현의 니시혼간사라는 절에서 집행한 장례식에서 이나모리 가즈오는 조문객 중에 아는 얼굴을 발견했다. 오자와 이치로였다. 오자와 이치로는 다른 조문객에 섞여 향을 태우고는 그대로 절을 나섰다. 몇 년 후, 이나모리 가즈오의 부친이 돌아가셨을 때도 오자와 이치로는 가고시마로 날아왔다.

오자와 이치로의 인품에 반한 이나모리 가즈오는 오자와 이치로가 교토에 왔을 때는 교토에서, 이나모리 가즈오가 도쿄로 갔을 때는 도쿄에서 식사를 함께하는 사이가 되었다.

이나모리 가즈오는 정권교체에 건 오자와 이치로의 분발에 공명해서 2003년 중의원 선거 전에는 전국 신문에 '정권교체가 가능한 나라를 만들자!'라는 내용의 의견광고를 냈다.

2008년의 신문 인터뷰에서는 이렇게 말했다.

"우리에게 남은 길은 정권교체밖에 없습니다. 지금의 민주당이 싫고 좋은 문제를 떠나서 관료조직에 빌붙은 정치가들만 정치를 하는 상황은 이제 더는 지켜볼 수 없습니다. 민주당이 정권을 잡아도 엉터리 정치를 하면, 다음에는 변화 수정한 자민당이 정권을 잡을 것입니다. 이런 정권교체가 몇 번이고 반복되는 동안에 훌륭한 인류의 지혜가 만들어지고 새로운 국가로 변화시켜줄 것으로 생각합니다."

2009년의 총선거에서 이나모리 가즈오는 당연히 민주당을 지지했다. 당 대회 때는 연단에 서서 젊은 후보자에게 소리쳤다.

"정신을 똑바로 차립시다. 어차피 정치를 하려면 정권을 잡아야 합니다. 그렇지 않으면 의미가 없습니다. 지금부터 선거구로 돌아가 유권자에게 머리를 숙이고 오십시오."

그런 까닭에 민주당이 정권을 잡았을 때, 이나모리 가즈오는 아주 기뻐했다. 이것으로 일본을 바꿀 수 있다고 생각했는지도 모른다. 그 민주당이 처음으로 떠안은 난제가 JAL의 재건이며 자신에게 도움을 청해왔다. 그래서 이나모리 가즈오는 생환율 7퍼센트로 확률이 아주 낮은 도전에 뛰어들 생각이 들었던 것이다.

'일본을 바꿀 수 있다'는 꿈을 맡겼던 민주당이 부탁했기 때문에 이나모리 가즈오는 '정말 싫어했던' JAL을 새롭게 일으켜 세웠다. 하지만 민주당은 JAL 재건 이외에는 전부 실책을 범해버려 자멸하고 말았다.

"민심과 일체가 되지 못했지요. 내부가 분열해서 자멸하고 말았습니다. 지금 돌이켜보면 오자와 이치로 씨가 조금 더 인간적인 신뢰를 얻었으면 좋았을 것이라는 생각이 듭니다."

벌써 2년 가까이 이나모리 가즈오는 오자와 이치로를 만나지 않고 있다.

"이제 정치에 관련된 이야기는 하지 않습니다. 완전히 손을 뗐지요."

이렇게 말하는 이나모리 가즈오는 약간 쓸쓸해 보였다.

탁월한 솜씨의 파산법 전문 변호사

JAL의 재생에는 이나모리 가즈오와 어깨를 나란히 하는 주역이 또 한 명 있다.

세토 히데오.

다부진 체격에 약간 검은 얼굴. 안경 속에 가는 눈은 부드러워 보이지만, 가끔 굉장한 불을 뿜는다. 유통기업인 야오한재팬, 마이칼현 이온리테일 등의 갱생관재인을 맡았으며, 대부업체인 SFCG, 부동산업체인 휴저HUSER 등의 파산관재인을 맡아온 탁월한 솜씨의 파산법 전문 변호사다. 회사갱생법 등 법적정리 운용 적정화에 힘을 쏟아온 제1인자이기도 하다.

그 솜씨를 높이 사서 2009년 10월 16일에 설립한 관민펀드, 기업재생지원기구의 사외 대표이사, 기업재생지원위원장에 취임했다. 며칠 후, 정부에서 JAL 재생 지원의 타진이 왔다고 한다.

"JAL은 법적정리를 하든 사적정리를 하든 금융기관으로부터 상당한 채무감면을 받아야 합니다. 하지만 다른 은행으로부터 이 이상의 자금조달은 어려운 상황이었지요. 우리 쪽으로 눈을 돌릴지도 모른다는 생각은 했습니다."

이 단계에서부터 세토 히데오는 법적정리의 활용을 생각했었다.

세토 히데오는 "JAL은 정치와 관료, 그리고 노조의 문제가 얽히고설켜 있습니다. 경영을 어렵게 만든 이런 기득권 세력을 잘라내려면 사법의 힘을 사용할 수밖에 없습니다"라며 법적정리를 한 이유를 말했다.

JAL의 재생 지원에 대한 정부의 의견을 받아들였을 때에도 관계자에게 '법적정리의 활용을 배제하지 않기'와 '정치적으로 개입하지 않기'라는 두 가지 항목을 확인받았다.

회사갱생법의 적용이 인정되어 은행이 채권을 포기하면 JAL의 대차대조표는 일시적으로 깨끗해진다. 정치적인 관계를 잘라내면 무리한 적자 항공노선을 운영할 필요도 없어진다.

하지만 그것만으로는 JAL은 회생하지 못한다. JAL의 경영진과 사원의 의식을 개혁해서 적자의 원인이 된 '국가권력을 등에 업고 방만한 경영을 하는 기업'의 체질을 근본부터 바꾸지 않으면 같은 실패가 반복될 뿐이다. 다시 운영을 시작해도 적자만 쌓일 것이다. 세토 히데오는 악순환의 고리를 끊어내려면 강력한 리더가 필요하다고 생각했다.

'그분밖에 없겠군.'

세토 히데오의 머릿속에는 10년 전의 한 광경이 떠올랐다.

선두에 설 인물은 이나모리 가즈오밖에 없다

"앞으로 변호사를 하려면 당대 일류 경영자의 이야기를 들어두는 것이 좋네."

대선배 변호사인 오카무라 이사오의 권유로 당시 세토 히데오를 포함한 중견급 변호사 몇이 경영자를 강사로 초대하는 공부 모임을 만들었다. 첫 모임의 강사는 소니 회장인 오가 노리오. 두 번째 모임이 이나모리 가즈오였다.

이때의 이나모리 가즈오는 제2전신전화주식회사의 경영이 아직 궤도에 오르지 못하고 거대 기업인 일본전신전화공사를 상대로 고전하고 있었다. 주간지 등에서 '세라믹으로 성공한 벤처기업의 경영자가 공명심 하나로 좌우분간도 못 하고 뻔뻔스럽게 통신사업에 나섰다가 실패했다'라고 비판을 한 시기이기도 하다.

그러나 이나모리 가즈오는 그런 세간의 평에 별 신경을 쓰지 않고, 변호사들에게 '이타의 마음'에 대해 이야기했다.

"나는 매일 '나의 동기는 선한가? 사심은 없는가?'라는 질문을 나에게 던집니다."

세토 히데오는 이 말에 강한 감명을 받았다.

JAL 재생은 기득권과의 싸움이다. 기득권을 잘라내려면 마찰은 피할 수 없다. 정치적, 사회적인 여러 압력을 차단하고 JAL 임원과 사원에게 전진할 힘을 마련해줄 인물로는 누가 적합할까.

'이나모리 가즈오밖에 없다.'

세토 히데오는 생각했다.

기업재생지원기구가 JAL 재건에 관여하기 전, 마에하라 세이지의 주선으로 시작한 'JAL 재생 태스크포스'의 리더였던 다카기 신지로도 이 역할을 감당할 인물은 이나모리 가즈오밖에 없다고 생각했다.

다카기 신지로는 세토 히데오와 마찬가지로 사업재생을

전문으로 하는 '파산법 전문 변호사'의 개척자지만 원래는 해당 기업, 채권자, 거래처 등의 협의를 통해 재생계획을 세우는 '사적정리' 쪽이 전문이다. '법적정리'의 프로인 세토 히데오와는 라이벌 관계다.

세토 히데오는 다카기 신지로가 이전에 이나모리 가즈오에게 회장 취임을 타진했던 일을 모르고 있었다. 사업재생에 대해 전혀 다른 방법을 생각하는 두 파산법 전문 변호사가 JAL 재생이라는 중책을 맡았을 때 '선두에 설 인물은 이나모리 가즈오밖에 없다'고 같은 결론에 이른 것은 흥미로운 일이다.

세토 히데오는 2009년 12월 초순, 이나모리 가즈오와 친한 마에하라 세이지의 소개로 도쿄 야에스에 위치한 교세라 도쿄지사를 방문해 이나모리 가즈오를 만났다.

다카기 신지로가 타진하러 왔을 때 이나모리 가즈오는 "나는 그런 중책을 책임질 수 없습니다"라고 거절했다. 하지만 세토 히데오가 방문해서 'JAL을 재생하려면 법적정리밖에 없다'는 주장을 펼치자 이나모리 가즈오는 흥미를 보이는 모습이 확연했다.

"나도 그것밖에 방법이 없다고 봅니다. 좀 더 자세한 설명을 듣고 싶습니다."

세토 히데오는 성사될 것 같은 기미가 보이자 바로 기업재생지원기구의 상무이사를 이나모리 가즈오에게 보내 자세한 재생계획을 설명하게 했다. 그때 이나모리 가즈오는 진지하게 설명을 들었다고 한다.

그 후 세토 히데오는 이나모리 가즈오가 갱생관재인 의뢰를 받아들인다는 것을 전제로 자금 융통을 위해 분주하게 뛰어다녔다. 회사갱생법 적용신청의 기일은 해를 넘긴 1월 19일로 결정했다. 일시적인 혼란으로 항공기 결항이 생길 가능성도 있어서, 대학입학시험과 겹치지 않도록 일정을 선택했다.

"이나모리 가즈오 씨는 받아들일 마음이 있었다고 생각합니다. 하지만 주위에서 '만년에 경력을 더럽힐 우려가 있다'며 말렸던 것 같습니다. 깊이 고민한 끝에 내린 결정이라고 생각합니다"라고 세토 히데오는 회상했다.

상황은 이미 회사갱생법 적용신청을 향해 움직이기 시작했다. 1월 19일 신청은 이제 멈출 수 없다.

'이러다가 경영 대표가 미정인 상태로 갱생법 적용신청

을 발표하게 될지도 모른다.'

누가 선두에 설지 정하지 못한 채 회사갱생법 적용을 신청하게 되면 JAL 재생은 처음부터 재생에 대한 의심을 품고 시작하는 꼴이 된다. 그래도 세토 히데오는 끝까지 이나모리 가즈오에게만 부탁할 생각이었다.

이나모리 가즈오가 읊은 한 편의 시에 담긴 각오

회사갱생법 적용신청일이 1주일 앞으로 다가온 1월 13일, 기업재생지원기구의 수뇌진은 도쿄 아카사카의 호텔 뉴오타니에서 이나모리 가즈오를 만났다.

그날 이나모리 가즈오의 회장 취임 타진에 대한 예정이 보도되어 도쿄 야에스의 교세라 도쿄지사에는 보도진이 몰려들었다. 이나모리 가즈오 일행은 포위망을 강행 돌파해서 뉴오타니로 향했다.

뉴오타니에서 기다린 세토 히데오는 '오늘 거절당해도 교토까지 매일 가서 마지막 순간까지 계속 부탁해야 한다'라고 결심을 한 상태였다. 교세라 일행이 도착하니 기업재생지원기구 사람들은 마른침을 삼키며 이나모리 가즈오의 답변을 기다렸다.

"회장직 의뢰를 받아들이겠습니다. 하지만 몇 가지 조건이 있습니다."

이나모리 가즈오가 이렇게 말하자 긴장감으로 팽배했던 실내 공기가 일시에 풀어졌다. 이나모리 가즈오는 계속해서 말을 이었다.

"관재인이 아닌 회장의 위치로 경영지도를 할 수 있게 배려 바랍니다. JAL에서 일하는 날짜는 일주일에 이틀이나 사흘만 가능합니다. 그리고 보수는 받지 않겠습니다."

기업재생지원기구 측이 원하던 형태와는 약간 달랐지만 세세한 곳에 연연할 때가 아니었다. 이나모리 가즈오가 내세운 조건을 수락하자 이나모리 가즈오는 돌아가기 전에 수첩에서 친구에게서 받았다는 한 장의 종이를 꺼내 거기에 적힌 시를 읽기 시작했다.

"이 늙은 몸으로 다시 오르지 못하리라 여겼는데, 목숨이 붙어 있어 또 만나네 사요노나카야마, 이 험준한 고개여."

《신고킨와카슈新古今和歌集》에 실린 사이교 법사의 와카和歌였다.

이렇게 나이가 들어서 다시 한 번 이 사요노나카야마를 넘게 될 줄은 생각지도 못했다. 그야말로 아직 살아 있기 때문일 것이다.

"(황금의 산지로 알려진 히라이즈미의 영주) 후지와라 히데히라에게 가서 사금의 제공을 부탁해주길 바라네."

겐페이의 난으로 불타 없어진 도다이지 대불전의 부흥에 집념을 불태우는 고승 조겐에게 이런 부탁을 받았을 때 사이교가 읊은 시다. 당시 68세의 사이교 법사는 지금의 미에 현에 살고 있었다. 그 나이에 미에 현과 이와테 현을 왕복해야 하는 목숨을 건 여정이다. 그래도 사이교 법사는 대불전 부흥이라는 대의를 위해서 늙은 몸을 채찍질해가며 험준한 고개인 사요노나카야마를 넘었다.

이나모리 가즈오도 '설미 80세를 목진에 둔 나이에 이런 큰 업무가 떨어질 줄은 생각도 못 했지만, JAL 재생이라는 대의를 위해 목숨을 걸겠다'라는 자신의 각오를 사이교의 시로 대신 피력했다.

체력 회복은 한의사만 가능

세토 히데오는 왜 이렇게까지 이나모리 가즈오를 고집했을까?

사업재생의 실무집단인 기업재생지원기구는 '외과 의사'다. 병든 기업의 아픈 부위를 찾아 수술로 떼어낸다. 그러는 동안 환자의 생명을 유지하기 위한 수혈(자본투입)도 한다.

하지만 외과 수술이 성공하더라도 환자가 수술 후에 제대로 영양을 섭취하지 못하면 병은 재발한다. 재발을 방지하기 위해서는 환자가 식사 등 생활습관을 고치고 정기적인 건강진단을 빼먹지 말아야 한다. 그러려면 우선 본인의 의식을 바꾸는 것이 중요하다.

세토 히데오는 '위기에 빠지면 국가가 도와주겠지'라며 국가에 의지하는 방만한 의식에 물들어 있는 JAL을 바꾸려면 이나모리 가즈오처럼 강인한 리더가 필요하다고 생각했다.

기업재생지원기구가 처방하는 외과 수술은 어떤 것일까? 세토 히데오는 기업재생지원기구의 재생지원위원장을 퇴임한 후에 작성한 논문인 〈JAL의 재건-기업재생지원기구에 따른 재생지원과 회사갱생 절차〉 중에 이렇게 기술했다.

> 일본항공이 활력 있는 회사로 부활하려면 이 회사의 역사 때문에 저변에 깔린 기득권이나 퇴직자에게 지급하는 연금과 보험금 등 이른바 유산비용을 철저히 씻어내서 시장 메커니즘이 제대로 기능하도록 만들어야만 했다.

미디어에서는 그 대표적인 사항으로 연금, 인사·임금제도, 노조 문제, 불채산 지방노선의 재검토, 낙하산 인사, 임원 경력자의 처우 등을 지적했다. 그 외에도 불공정한 처리나 거래처의 정리, 비영리법인과 각종 단체에 내는 기부금, 부담금, 회비 등의 폐지, 관계회사의 정리통합 등이 있다.

기득권을 한꺼번에 정리하는 대수술에는 위험부담이 따른다. 같은 항공업계에서도 과거 법적정리를 선택한 사베나벨기에항공과 스위스항공은 항공기 리스 채권자로부터의 압류를 막지 못하고 2차 파산 후 해체되었다.

기업재생지원기구는 과거에 실패한 예를 철저히 검증한 뒤에 30명이 넘는 스태프를 JAL에 상주시켜 까다로운 문제를 하나씩 해결해왔다.

세토 히데오가 무엇보다 걱정한 점은 대수술 후에 JAL의 체력이 돌아오지 못하는 사태였다. 구조조정으로 황망해진 사원이 의욕이 떨어지고 조직의 기둥인 중견급 사원이 계속 회사를 그만두는 상황이 벌어지면 수술은 성공해도 회사는 구하지 못하고 2차 파산으로 이어질 수 있다. 세토 히데오는 지금까지 이런 식의 패턴으로 사라져가는 기업을 몇 번이나 봐왔다. 그래서 더욱 JAL 재생에서는 사원에게 진취적으로 살아갈 에너지를 불어넣어 줄 리더가 필요했다. 그걸 할 수 있는 것은 자신들과 같은 외과 의사가 아닌 '내과 의사'이며 '테라피스트'에 '한의사'인 이나모리 가즈오였다.

분투하는 경영자와 투자가가 손잡으면 재생 가능

세토 히데오는 자신들의 외과적 절차와 이나모리 가즈

오의 한방요법을 '베스트 믹스'라고 생각했지만, JAL 재생에 관여한 기업재생지원기구의 멤버 전원이 이렇게 생각한 것은 아니다.

예를 들어 42세의 젊은 나이로 JAL의 부사장에 취임한 미즈도메 고이치.

미즈도메 고이치는 도쿄대학 이학부를 졸업한 후, 미국의 노스웨스턴대학에서 경영학 석사MBA를 취득한 후 주식회사 덴쓰, 경영컨설팅 회사인 액센츄어를 거쳐 경영컨설팅 회사인 로랜드베르거Roland Berger에 들어간다. 로랜드베르거에서는 30대 초반의 젊은 나이에 파트너가 되어 기업 사업재생의 아시아 대표로 활약했다. 미즈도메 고이치는 소비재, 서비스, 유통업의 CRM전략 책정 등을 전문으로 했으며 그 실적을 높이 평가받아 기업재생지원기구의 상무이사가 되었다.

또 다른 한 명은 변호사에서 투자펀드 리플우드재팬 Ripplewood Japan Inc.의 매니징 디렉터로 근무하다 기업재생지원기구로 옮겨와 전무가 된 나카무라 아키도시. 나카무라 아키도시는 이나모리 가즈오의 보좌역으로 JAL에 이사로 파견되었다. 미즈도메 고이치와 나카무라 아키도시, 이 두 사람은 결국 JAL의 대수술에서 최첨단 의료기술을 구사하는 '엘리트 외과의' 역할을 맡았다.

처음 6개월 동안은 기업재생지원기구가 진행하는 JAL의 개혁을 줄곧 지켜보던 이나모리 가즈오는 갱생계획이 정리된 2010년 8월 무렵부터 경영에 깊이 관여하기 시작했다. 교세라에서 온 오타 요시히토, 모리타 나오유키가 진행하는 '경영철학'과 '아메바 경영'의 이식 작업이 시작되었다.

그것은 미즈도메 고이치와 나카무라 아키도시가 배워온 첨단의 서양의술과는 다른 동양의학의 사상이었다. 이나모리 가즈오가 행동을 시작하자 색깔이 확실해지면서 경영방침의 차이가 드러났다. 주식의 재상장을 목전에 둔 2012년 1월, 미즈도메 고이치와 나카무라 아키도시는 JAL의 이사직을 퇴임했다.

"경영철학과 아메바 경영만으로 JAL이 재생한 것이냐고 묻는다면 그것은 아니라고 생각합니다. JAL의 채권자인 금융기관, 거래처, 노동조합과의 냉엄한 교섭을 거쳐 대차대조표를 조정한 것은 저희(기업재생지원기구)입니다"라고 세토 히데오는 말한다.

기업재생지원기구가 얽힌 기득권을 끊고 땅 고르기를 끝냈기 때문에 이나모리 가즈오의 경영철학과 아메바 경영이 예상을 뛰어넘는 속도로 JAL에 안착할 수 있었다.

"재생계획을 세운 우리도 JAL이 이렇게까지 고수익을 내는 기업이 될 줄은 생각하지 못했습니다. JAL이 다시 살아난 것은 회사갱생법, 공적자금, 그리고 이나모리 가즈오의 철학. 이 모두가 제대로 기능을 했기 때문이라고 봅니다."

세토 히데오는 이렇게 총괄했다.

파산법 전문 변호사인 세토 히데오가 보기에도 JAL 재생은 앞으로 사업재생의 모델이 될 만한 사안이었다. 그런데 일부 미디어와 정치가가 '공적 자본금을 사용한 과다지원'이라며 성과를 축소하는 이유는 무엇일까? 민간투자가와 금융기관, 그리고 이나모리 가즈오와 같은 '도전하는 경영자'가 짝을 지으면 재생할 수 있는 기업은 수도 없이 많을 것이다. 하지만 일본에서는 투자가도 금융기관도 경영자도 리스크로부터 도망가기에 바쁘다.

세토 히데오는 〈JAL의 재건〉 중에 이런 지적을 했다.

'일본의 민간투자가와 금융기관은 (JAL과 마찬가지로) 회

복을 통해 큰 수익을 낼 가능성을 품은 기업의 재생지원을 어째서 회피하려고만 하는가?'

세토 히데오의 생각은 이나모리 가즈오와 같았다.

다보스포럼에서 연설한 이나모리 가즈오

2013년 1월 하순, 이나모리 가즈오는 스위스로 향했다. 세계경제포럼의 연차총회 다보스포럼에서 강연하기 위해서다.

다보스포럼의 주최자인 클라우스 슈밥은 일본에서 100만 부가 팔리고, 영어, 중국어 등으로 번역되어 세계 각국에서 출판하는 저서 《카르마 경영》을 읽고 감명을 받아 이나모리 가즈오에게 퍼블릭 섹션에서 강연해주길 바란다는 부탁을 해왔다.

"기대에 미치지 못했습니다."

귀국 후 다보스에서 강연한 반응에 대해 물어보니 이나모리 가즈오는 씁쓸하게 웃었다.

세계 경제를 좌지우지하는 경제계의 수장들이 모인 다보스에서 이나모리 가즈오는 "구미 자본주의를 통렬하게 비판하고 왔습니다"라고 했다.

교세라, KDDI라는 총액 5조 엔 규모의 사업을 만들고 절체절명의 JAL을 일으켜 세운 경영자에게 그 기술을 듣고자 모인 사람들은 상당히 당황했을 것이다.

당사자는 속이 시원하다는 표정이었다.

"거기는 부자들과 튀고 싶어 안달이 난 사람들만 있더군요. 별로 의미 있는 자리가 아니었습니다."

그렇다면 왜 그런 자리에 일부러 참석했을까?

그것은 상업주의로 타락한 현 세계 경제 때문에 위기에 빠진 인류를 진심으로 걱정하기 때문이다.

JAL 재생 건을 받아들인 이유도 이와 비슷했다. 동일본 대지진 후 원전 사고로 도쿄전력의 형편없는 내실이 만천하에 공개되기 전까지 JAL은 확실히 '일본에서 가장 구제 불능인 회사'였다.

그래서 더욱 회복시킬 가치가 있다고 생각했다

"그 정도까지 부패한 회사가 회생하면 일본의 기업들이 '그런 JAL도 해냈는데, 우리도 할 수 있다'라며 분발해줄 것으로 생각했습니다. 내가 키워온 경영철학과 부문별 채산인 아메바 경영을 도입하면 JAL은 반드시 활력을 찾을 것이라는 확신이 있었습니다. 그것을 증명해서 일본을 바꾸고 싶었지요."

그러나 일본은 바뀌지 않았다.

사람들은 확실한 JAL 재생을 눈으로 보면서도 '우리도 힘내보자!'라고 분발하기는커녕, 'JAL은 치사하다'라고 말하기 시작했다.

ANA가 요구한 공정성

"JAL의 '공정하지 못한 재건사업'은 인정할 수 없다."

ANA 사장이었던 이토 신이치로는 〈문예춘추〉의 2010년 6월 호에 이런 제목의 수기를 투고했다.

'우리 ANA는 항공기업의 자유경쟁, 공정성을 요구한다.'

이런 문구로 시작하는 이토 신이치로의 수기는 '공적자금을 1조 엔이나 투입한 JAL이 그 자금을 바탕으로 요금을 인하하면 공정한 경쟁은 이루어질 수 없다'라고 주장했다.

항공 행정에 있어서 공정성 보장은 중요한 역할을 한다.

거의 모든 국가가 서로 국경을 접하고 있는 유럽에서는 국가의 지원을 받는 항공사에 대해 발착 편수나 요금 설정을 제한하는 규칙이 있다.

예를 들어, 프랑스 정부로부터 자본을 지원받은 에어프랑스가 그 자본금을 무기로 유럽 지역 내에서 요금인하 경쟁을 도발하면 옆에 있는 독일의 루프트한자는 손해를 입는다. 이에 대항해서 독일 정부가 루프트한자에 자본을 지원하면 이것은 더 이상 자유경쟁이 아니라 국유기업 간의 경쟁, 즉 사회주의가 되어버린다.

일본 시장에서도 이런 일이 벌어지지 않도록 공정성에 대해 국토교통성이 눈을 번뜩이는 것은 당연한 일이다.

그렇다고 해서 'JAL 재건은 공정하지 못하다'라고 규정해버리고 회사갱생법의 적용신청 당시부터 지금까지 이나모리 가즈오가 선두에 선 JAL이 실시해온 개혁을 '무의미'하다고 잘라 말하는 것도 문제가 있다.

이나모리 가즈오는 그에 대해 이렇게 말했다.

"공적자금을 투입해 받은 자본금은 재상장 당시에 3000억 엔을 더 얹어서 반환했습니다. (파산 당시에) 운항을 쉬지 않기 위해서 빌린 돈도 7퍼센트의 이자를 내고 반환했지요. 그런데도 'JAL은 세금을 사용해서 재생했기 때문에 비겁하다'는 소리를 듣습니다."

"JAL 사원은 인원감축으로 많은 동료를 잃고 월급과 연금이 깎였습니다. 갱생은 이룰 수 없다고 포기한 사람도 많았지만 '노력하면 바꿀 수 있다. 재생할 수 있다'라고 강조하면서 모두 여기까지 왔습니다."

"포기하지 않고 분발하면 보상을 받는다는 좋은 선례가 되었다고 생각합니다. 하지만 역시 '뒤에 뭔가 있을 거야'라는 의혹을 받았습니다. JAL 사원들은 내 말에 공감하며 따라주었고 정말 열심히 노력했습니다. 하지만 세상은 정당하게 평가해주지 않았지요. 나는 그 점이 참 안타깝습니다."

'당연한 진리'를 삶의 규범으로 삼아라

세간에서 말하는 '불공평'이나 '속임수'가 아니라면 '절체절명의 위기'라고 생각했던 JAL은 어떻게 회생할 수 있었을까?

답부터 먼저 공개하자면, 이나모리 가즈오가 당연한 것을 당연하게 해서 얻은 결과다. 제대로 이익을 내는 회사라면 중소기업에서도 하는 일을 이나모리 가즈오는 어마어마한 정밀도와 심도 그리고 놀랄 만한 속도로 해온 것이다.

'당연한 것'에 대해서 이나모리 가즈오는 자신의 저서인 《카르마 경영》에서 이렇게 말하고 있다.

"거짓말을 하지 마라. 정직하라. 욕심 부리지 마라. 다른 사람에게 폐를 끼치지 마라. 남에게 친절히 대해라. 어릴 적 부모님이나 선생님에게 배운 인간으로서 당연하게 지켜야 할 규칙, 그런 '당연한 것'을 규범으로 삼아 경영을 하면 됩니다."

JAL에서도 이나모리 가즈오는 그것을 반복해서 이야기했다.

"간단하게 들릴지도 모르겠지만, 나는 여러분에게 아주 힘든 일을 부탁하고 있다는 것을 기억하게."

이나모리 가즈오는 '거짓말을 하지 마라'라고 말한 뒤에 반드시 이렇게 덧붙였다.

이번 달에 계상計上해야 할 비용을 다음 달로 넘겨 문제를 미뤄두거나, 실제로는 경쟁사에 고객을 다 빼앗겨놓고 '경기가 안 좋아서'라고 보고를 한다. 비즈니스맨이라면 누구나 한두 번은 해본 적이 있을 것이다.

'거짓말하면 안 된다'라고 머릿속으로 이해하는 것은 간단하지만, 거짓말을 하지 않고 일을 하는 것은 그리 간단하지 않다.

이나모리 가즈오는 재생의 첫걸음으로 JAL 사원에게 이것을 요구했다. 마음가짐을 제대로 갖추지 못하면 아무리 훌륭한 제도를 도입해도 제대로 돌아가지 못한다는 것을 이나모리 가즈오는 50여 년의 경영 경험을 통해 알고 있다.

'거짓말을 하지 마라', '남을 속이지 마라'

이나모리 가즈오가 제창해온 경영철학을 요즘 유행하는 단어로 고쳐 쓰면 컴플라이언스Compliance, 법률과 내규 등의 기본적인 규칙에 따른 기업 활동나 거버넌스Governance, 기업의 효율적이고 건전한 활동을 가능하게 하는 시스템가 된다. 그런 당연한 것들을 실천하지 못했기 때문에 사내에는 부정이 횡행하고 실적이 떨어진 것이다.

조직과 제도를 개정하고 법률과 규제를 강화해서 방지

하는 방법도 있다. 비싼 돈을 치르고 컨설팅을 부탁하거나 제삼자 기관의 시각을 도입해서 증거서류를 남기는 방법도 있다. 2001년 파산한 미국의 에너지 회사 엔론의 회계 부정사건을 계기로 미국에서는 내부통제를 강화했다. '인간은 거짓말을 한다'는 것을 전제로 문제를 조기에 솎아내는 외과 치료 방법이다. 일본도 이를 모방해서 '컴플라이언스'나 '거버넌스'의 강화가 대유행했다.

물론 경영의 투명성을 강화하는 노력은 아주 중요하다. 하지만 이나모리 가즈오는 그것보다는 '경영자나 사원의 마음을 키워내는 내과 치료' 쪽이 중요하다고 말한다.

JAL에서도 이나모리 가즈오는 임원, 사원의 마음을 키우는 것에 엄청난 시간을 들였다.

조직이나 제도를 만들거나 제삼자 기관을 도입하는 외과 치료의 시술은 변화나 성과가 눈에 확실히 보인다. 하지만 마음을 키우는 내과 치료는 알아채기 힘들다. 그래서 '불공평하다', '수상하다'는 질투와 의심에 찬 눈총을 받기 쉽다.

실리콘밸리에서는 튀는 사람을 쳐내는 것이 아니라 칭찬하는 문화가 형성되어 있다. 그런 문화가 구글과 페이스

북이라는 벤처기업을 키워냈다. 한편으로 일본의 벤처기업은 어느 정도 성공궤도에 오르면 몰매를 맞고 무너진다. 배우는 자세와 칭찬하는 문화가 부족한 현재의 모습이 일본 경제의 신진대사가 원활하게 돌아가는 것을 방해한다.

중국에서도 높이 평가받는 이나모리 가즈오

다른 사람의 성공을 통해 배우려는 자세를 비교해봤을 때, 일본보다 훨씬 강한 욕구를 보이는 나라가 중국이다.

이나모리 가즈오의 《카르마 경영》의 중국어판은 발매한 지 4년 만에 130만 부가 팔려나갔다. 일본의 100만 부를 넘어버렸다. 이나모리 가즈오가 대표를 맡은, 중소기업 경영자들에게 경영을 지도하는 경영 아카데미 '세이와주쿠'의 거점이 중국의 우시, 칭다오, 다롄 등의 지역 일곱 곳에 있으며 회원은 1,100명이 넘는다. 대부분이 중국 기업의 오너 경영자다.

"아직은 좀 거칠다고 할까. 내가 책에 사인하고 있는데, 아무렇지도 않은 얼굴로 그 위에 자신의 책을 얹어버립니다. 남을 위하는 마음이 아직은 좀……."

"중국은 덩샤오핑 국가주석 이후, 사회주의 시장경제를 표방하고 계속 달려왔지만, 빈부의 격차가 심해지면서 성공해도 안심하지 못하는, 여유가 없는 불안정한 사회가 되었지요. 인간으로서 어떻게 살아야 할지 고민하면서 중국 경영자들은 정신적인 오아시스를 찾고 있어요."

이나모리 가즈오의 경영철학은 공자와 맹자와 같은 중국 사상을 적용하고 있어서 그 원조인 중국에서도 인기가 있다. 중국의 아카데미 연구생 중 한 명은 "공자와 맹자는 어려워서 읽지 못하지만, 이나모리 가즈오 씨의 이야기는 알기 쉬워요"라고 말했다. 경영이라는 실천 속에서 갈고 닦은 이나모리 가즈오의 사상에는 국경을 뛰어넘는 보편성이 있는 것 같다. 오키나와 제도의 센카쿠 제도 문제를 계기로 중국에서 반일 폭동이 일어났을 때 중국의 서점에서는 일본 관련 서적이 일제히 철거되었다. 하지만 《기르마 경영》만은 책꽂이에 남아 있었다.

2013년 3월 말을 끝으로 대표이사 자리에서 물러난 이나모리 가즈오는 앞으로 세이와주쿠와 시민포럼 활동에 전력을 쏟을 예정이다. 무료 시민포럼에서는 "인생이 괴롭다고 생각하지 마시길 바랍니다. 사고방식을 바꾸면 행복해집니다"라며 인생철학을 펼치고 있다.

"불평불만을 쏟아붓기 전에 우선 자신부터 노력을 시작해보면 어떨까요?"

JAL 재생을 통해 이나모리 가즈오가 모두에게 가장 하고 싶었던 말은 아마도 이것이었을 것이다.

하지만 안타깝게도 이런 생각은 일본에 전하지 못했다.

JAL 재생을 이뤄내고 대표직에서 물러난 이나모리 가즈오가 이제 다시 다른 기업의 선두에 설 일은 없을 것이다. 이나모리 가즈오의 '마지막 수업'은 JAL의 3만 2,000명의 의식을 바꿨지만, 일본 전체를 바꾸지는 못했다.

하지만 앞으로도 세이와주쿠와 시민포럼을 통해 가두설법을 하면서 일본인에게 '경영'과 '삶의 방식'에 대해 설명할 계획이다. 이나모리 가즈오는 '일본 재생'을 포기하지 않았다.

4
독점은 악

1,155일간의 투쟁

ANA가 JAL에 매수될지 모른다

"일본을 대표하는 항공사가 둘이나 있을 필요가 있을까요?"

2012년 여름, ANA의 로비스트들이 정치가와 관료를 대상으로 본격적인 로비 활동을 시작했다.

JAL의 연결영업이익은 2011년 3월 결산에 1884억 엔, 2012년 3월 결산에는 2049억 엔으로 ANA의 2.1배에 달했다.

이나모리 가즈오가 스스로 "회사갱생법은 실로 강력했다"라고 인정했을 정도로 법적정리의 효과는 컸다. 5000억 엔이 넘는 금융기관의 채무를 면제받고 기업재생지원기구에서는 3500억 엔의 출자금을 받았다. 세제 면에서도 최대 9년 동안 법인세가 면제된다.

"이대로는 공적자금으로 회생한 JAL에 우리가 매수되지 말라는 법도 없다."

심각한 위기감이 ANA를 휘감았다. ANA의 의견을 받아들인 자민당은 국회에서 회사갱생법 적용 중 조세우대에 따른 문제점 등을 안건으로 내세웠다.

물밑에서는 JAL의 국제선 부문을 ANA가 흡수하는 계획도 검토하고 있었다. '국가대표 항공사를 하나로!'라는 슬로건을 내세운 작업은 이 계획의 일환이었다.

얼마 안 있어 JAL의 경영진도 ANA의 움직임을 눈치챘다.

"만일의 경우를 위해 준비를 해 두게."

ANA가 JAL을 매수하려는 구체적인 움직임은 없었지만, 회장인 오니시 마사루는 대외협력팀에 매수방어책을 검토하라고 지시했다.

하지만 이나모리 가즈오는 이런 물밑 작업의 공방이 귀에 들어오자 오니시 마사루에게 이렇게 말했다.

"그냥 내버려 두게."

'공작을 공작'으로 맞서면 옛날 JAL과 다를 바가 없다.

"지금은 재생에 집중할 때니까 허둥거리지 말게."

대외협력팀은 준비를 멈췄다.

이나모리 가즈오는 태연했지만, 속으로는 이렇게 생각하기도 했다.

"만일 무슨 일이 벌어지면 전면에 나서서 주장할 것은 주장할 것이다."

반독점의 피가 끓다

이나모리 가즈오는 JAL과 ANA, 이렇게 2개의 항공사로 '건전한 경쟁'을 만드는 길을 어떻게 해서든 지킬 생각이었다.

'독점은 악'이라는 신념이 있기 때문이다.

1980년대 전반, 정부는 일본의 통신시장의 출입문을 개방했다. 일본전신전화공사의 민영화가 결정되면서 드디어 독점이 풀린 것이다.

하지만 통신산업의 거인인 일본전신전화공사에 맞서는

것은 개미가 코끼리에게 덤비는 것과 같은 형상이었다. 모처럼 출입문이 열렸는데, 아무도 문 안으로 들어가려 하지 않았다.

교세라의 사장으로 빈번하게 외국으로 출장을 다니던 당시의 이나모리 가즈오는 다른 나라에 비해 일본의 전화요금이 너무 높다는 사실을 알고는 분개했다. 미국의 장거리 전화요금은 일본의 10분의 1이다. 건전한 경쟁이 이루어지지 못하는 독점은 통화료 10배라는 폐해를 부른다는 것을 피부로 느끼고 있었다.

'아무도 하지 않는다면, 내가 해볼까?'

이나모리 가즈오 안에는 '반독점'의 피가 끓었다.

이때 이나모리 가즈오가 통신전문가로 스카우트한 사람은 당시 일본전신전화공사의 중견간부였던 센모토 사치오^{현 이액서스 명예회장}였다.

1983년 어느 날, 이나모리 가즈오는 센모토 사치오와 오사카의 리가로얄 호텔의 카페에서 어떤 방식으로 통신시장에 참여해야 하는지에 대한 밀담을 나눴다.

센모토 사치오는 수첩에 '도쿄', '오사카'라고 적고 그 사이를 한 줄의 선으로 연결하여 보여주었다.

"자신의 노선을 갖고 일본전신전화공사에 승부를 거는 겁니다."

"얼마나 들까요?"

"1000억 엔 정도 있으면……."

"……"

이나모리 가즈오는 침묵했다.

한 달 후, 이나모리 가즈오가 센모토 사치오에게 전화를 걸었다.

"합시다."

반골 기질이 이나모리 가즈오의 등을 떠밀었다.

소니와 리크루트도 관심을 보인 통신 참가

1983년 7월 이나모리 가즈오는 교세라 본사에서 임시 임원회의를 열어 임원들에게 머리를 숙였다.

"교세라에는 지금 1500억 엔의 내부유보가 있습니다. 그 중에서 1000억 엔을 통신사업 참여에 사용하게 해주십시오. 1000억 엔 들여서 하지 못하면 포기하겠습니다."

1984년 1월 도쿄 아카사카에 있는 호텔에서 이나모리 가즈오가 친밀하게 지내는 젊은 경영자모임이 있었다. 이나모리 가즈오는 거기에서 우시오전기의 회장인 우시오 지로와 세콤 회장인 이이다 마코토에게 통신사업의 참여 의사를 밝혔다.

"아무도 나서질 않아서 저희가 나서려고 합니다."

이이다 마코토가 놀란 표정으로 물었다.

"아니! 그렇습니까? 우리도 아무도 하려고 하지 않아서 우리가 해볼까 하고 생각하던 중이었지요."

우시오 지로가 물었다.

"그럼, 계획은 어느 정도 진행되었습니까?"

이나모리 가즈오가 계획을 설명하자 둘은 서로 얼굴을 마주 보더니 이렇게 말했다.

"거기까지 준비하셨다면 우리는 소액출자로 응원하는 쪽을 하죠. 경영은 이나모리 가즈오 사장이 책임지고 하는 쪽으로 하지요. 괜찮겠지요?"

이나모리 가즈오가 머리를 숙이자 다른 쪽에서 또 다른 한 명이 들어왔다.

"모두 모여서 무슨 이야기들을 하십니까?"

소니 회장인 모리타 아키오였다.

이나모리 가즈오를 비롯한 셋이 통신 참여에 관해 이야기하자, 모리타 아키오는 눈을 반짝였다.

"나도 지원에 넣어주시는 겁니다."

이렇게 제2전신전화주식회사의 골격이 굳어져갔다.

실은 이 모임에 또 한 명, 이나모리 가즈오의 이야기를 눈을 빛내며 듣고 있던 명민한 신진 기업가가 있었다.

"젊고 재미있는 친구가 있습니다."

이이다 마코토가 이렇게 말하며 데리고 나온 리크루트의 창업자 에조에 히로마사다. 에조에 히로마사는 통신사업에 남다른 관심을 보였다.

하지만 제2전신전화주식회사가 발족하기 직전 모임에서 누군가가 이렇게 말했다.

"에조에 히로마사는 아직 젊으니까 이 건에는 넣지 않는 편이 좋을 것 같은데."

이렇게 해서 리크루트의 제2전신전화주식회사 출자는 보류되었다.

에조에 히로마사는 강한 자극을 받았는지 그 후에도 통신사업에 의욕을 불태웠다. 자기 회선을 갖는 제1종 통신사업자로서의 길이 막힌 리크루트는 일본전신전화공사에서 전화회선을 매입하여 기업용으로 리세일을 하는 제2종 통신사업자로 참여했다.

이 과정에서 에조에 히로마사는 일본전신전화공사의 총재인 신토 히사시에게 갑자기 접근했었다. 교육 관련 정부 자문위원의 멤버로도 뽑힌 에조에 히로마사는 부동산 자회사인 리크루트코스모스의 미공개 주식을 신토 히사시와 문부성^{현 문부과학성}의 관료에게 양도했다. 이것이 뇌물로 간주되어 일본 최대의 뇌물 정치 스캔들인 리크루트 사건이 터졌고, 결국 유죄 판결을 받았다.

0077을 앞에 붙여야 하는 핸디캡

이나모리 가즈오는 일본전신전화공사에 도전할 동료를 한 명씩 차근히 모았다.

1983년 11월, 일본전신전화공사의 엘리트 무선기술자였던 오노데라 다다시^{현 KDDI 회장}는 같은 일본전신전화공사의 센모토 사치오를 따라 교토의 시시가다니에 있는 와린

안和輪庵을 방문했다. 긴가쿠지와 난젠지를 연결하는 철학의 길이라 불리는 길가에 자리한 교세라의 영빈관이다. 구석구석까지 정성 들여 손질한 일본식 정원을 바라볼 수 있는 방의 문을 열고 안으로 들어서자 통산성通産省 관료로 전자원에너지청 대신이었던 모리야마 신고와 이나모리 가즈오가 앉아 있었다.

오노데라 다다시는 모리야마 신고가 어떤 사람인지는 신문 등의 미디어를 통해 알고 있었지만, 이나모리 가즈오의 얼굴은 몰랐다. 교세라는 회사도 이름만 들어본 적이 있는 정도였다. 일본전신전화공사의 기술자와 교세라는 아무런 접점이 없었기 때문이다.

하지만 오노데라 다다시는 이야기를 하는 중에 이나모리 가즈오의 열정에 압도당했다.

"일본의 전화요금이 너무 비싸다"라는 신념에서 시작한 이나모리 가즈오의 이야기는 멈출 줄 몰랐다.

"일본의 통신시장은 지금 100년 만에 찾아온 변혁기를 맞았습니다. 이 분야에서 제로부터 사업을 일으킬 기회는 이제 두 번 다시 오지 않습니다."

이나모리 가즈오의 이야기를 듣던 오노데라 다다시는

기술자 정신에 불이 붙었다. 일본전신전화공사에서 키워온 마이크로파 통신기술로 있는 힘껏 승부를 걸어보고 싶다는 생각이 들었다. 이나모리 가즈오의 열정이 오노데라 다다시에게 옮겨붙었다.

이나모리 가즈오는 항상 인간을 세 가지 타입으로 나눠서 생각한다. 자신처럼 항상 새로운 목표를 찾아 행동으로 옮기는 '자연성自燃性', 옆 사람이 불이 붙으면 자신도 불이 옮겨붙는 '가연성可燃性', 무슨 일을 해도 불이 붙지 않는 '불연성不燃性', 이렇게 세 가지다. 오노데라 다다시는 자연성에 가까운 가연성 타입의 인간이었다.

이나모리 가즈오는 노력 끝에 1984년, 제2전신전화주식회사를 설립했다. 드디어 일본전신전화공사의 독점시장을 부수고 함께 경쟁할 바탕이 마련되었다.

제2전신전화주식회사는 3년 동안의 준비기간을 거쳐 1987년, 일본전신전화공사보다 값이 싼 시외통신서비스를 시작했다. 하지만 새롭게 참여한 제2전신전화주식회사는 전화번호 앞에 '0077'을 눌러줘야 하는 핸디캡이 있었다.

텔레비전 광고로 '0077'을 외쳐대며 저렴한 통화료를 어필했지만 별 효과를 보지 못했다. 시외통화는 지역번호 때문에 원래도 전화번호가 길다. 그런데 그 앞에 다시 4개의 숫자를 더 누르는 일은 아주 번거로운 일이었다. 이용자를 끌어들이려면 다른 방법을 연구해야 했다.

제2전신전화주식회사가 생각한 것은 요금이 저렴한 전화회사를 자동으로 선택하는 어댑터의 개발이었다. 처음에는 손정의_{현 소프트뱅크 사장}가 개발한 '자동 어댑터'를 사용하기로 했다. 하지만 제2전신전화주식회사는 독점계약을 원했고 손정의는 다른 회사에도 어댑터를 팔겠다며 양보하지 않았다. 어쩔 수 없이 제2전신전화주식회사는 자동 어댑터를 자체 개발하기로 했다.

어댑터는 얼마 걸리지 않아 완성했다. 하지만 얼마에 팔아야 좋을지가 문제였다.

너무 비싸면 보급이 안 될 테고, 너무 싸게 책정하면 벤처기업인 제2전신전화주식회사의 체력은 소진되고 만다. 사내 의견은 분분했다.

여러 의견을 듣던 이나모리 가즈오는 눈을 감고 잠시 생각하다 결정을 내렸다.

"무료로 합시다."

'그랬다간 회사가 망할 거야.'

센모토 사치오는 이렇게 생각했다. 일본전신전화공사 출신의 센모토 사치오에게는 없는 발상이었다.

그러나 결과적으로 이 '무료 어댑터'를 계기로 제2전신전화주식회사는 신규참여 회사 중 선두로 나서게 되었다.

사업은 철저하게

'동기는 선한가? 사심은 없는가?'

통신사업에 뛰어들었을 때 이나모리 가즈오는 몇 번이고 자신에게 물었다.

'내 호주머니를 채우고 싶어서 하는 것은 아닐까? 공명심에 눈이 먼 것은 아닐까?'

이나모리 가즈오는 자신의 마음속에 사심이 없다는 것을 확인한 후, 행동을 시작했다.

"이나모리 가즈오 명예회장님은 제2전신전화주식회사를 세웠을 때, 개인의 주식을 갖지 않았습니다. 창업자 이득은 한 푼도 챙기지 않았을 겁니다"라고 오노데라 다다시는 말했다.

그 당시 이나모리 가즈오는 거의 달관의 경지에 이르렀다. 제2전신전화주식회사와 거의 비슷한 시기에 이나모리재단과 세이와주쿠를 세웠다. 이나모리재단은 그 후 국제적으로 권위 있는 '교토상'을 만들었고 세이와주쿠에서는 전국의 중소기업 경영자를 대상으로 경영철학을 설파했다. 자신이 얻은 것을 다시 '사회로 환원'하는 것에 강하게 의식하기 시작한 시기다.

하지만 교세라나 제2전신전화주식회사의 경영은 자선활동이 아니다. 사업할 때는 경쟁에서 철저하게 이겨야 한다. 이나모리 가즈오는 이기심을 부정하며 이타의 마음을 전파하는 한편으로 일단 경쟁이 시작되면 철저히 공략해서 이기고 만다.

J리그가 시작되면 오노데라 다다시는 이나모리 가즈오에게 이끌려 교세라가 스폰서를 하는 교토퍼플상가의 시합을 몇 번 관전하러 간 적이 있다.

"축구 시합을 볼 때의 모습은 정말 굉장합니다. 우리 선수가 실수라도 하면 관람석에서 마구 호통을 치기도 해요."

사회로의 환원을 설파하는 부처같이 자비로운 이나모리

가즈오지만 다른 한편으로는 극단적일 정도로 지길 싫어했다.

'독점은 악'이라는 신념이 있기 때문에 독점에 도전하는 우리가 '질 리가 없다'고 늘 이야기했다.

무보수로 뛰어든 JAL 재생사업도 마찬가지다. 동기가 바르기 때문에 반드시 해낼 수 있다고 믿었다.

위기의 연속이었던 JAL에서 3년, 하지만 "실패할지도 모른다는 생각은 한 번도 안 했습니다. 그런 부정적인 생각을 한 번이라도 품게 되면 정말로 실패했을지도 모릅니다"라고 이나모리 가즈오는 말했다.

"나는 정당하다."

한 점의 의혹도 없이 그렇게 믿는 점이 이나모리 가즈오의 강점이다.

그토록 싫어했던 JAL을 구하다

"거만한 인간을 싫어합니다."

이나모리 가즈오는 '독점'이라는 말이 나오면, 즉시 눈매가 매서워진다.

이나모리 가즈오는 1984년에 제2전신전화주식회사를 설립하고 통신산업에 뛰어든 후로 줄곧 독점기업이었던 NTT와 싸워왔다.

이나모리 가즈오가 '독점은 악'이라고 느낀 것은 교세라를 세운 지 십여 년이 지난 때였다.

교세라가 미국 실리콘밸리에 진출한 것은 창업 10년째인 1969년. 2년 후 샌디에이고에도 거점을 만들어 미국 본사로 삼았다. 어느 날 미국 본사를 방문한 이나모리 가즈오는 미국인 간부사원이 4,000킬로미터나 떨어진 미국 동부연안의 고객과 즐겁다는 듯이 오랜 시간 통화를 하는 것을 보고는 한마디 했다.

"통화는 용건만 전하도록 하세요. 통신비용이 많이 나옵니다."

미국인 간부는 태연했다.

"보스, 통화료는 신경 쓰지 않아도 됩니다."

당시 미국의 통화요금은 일본의 10분의 1이었다. 1970년대 통신자유화로 바뀌면서 독점기업이던 AT&T는 스프린트, MCI 등의 신흥세력과의 경쟁에 몰려 전화요금은 점점 더 낮아졌다.

일본은 일본전신전화공사가 시장을 독점하고 있었기 때문에 국민들은 비싼 전화요금을 내고 있었다.

이것이 이나모리 가즈오에게 '반독점'의 기질이 생기게 된 이유다.

항공업계의 국책기업으로 탄생해서 일본에서 뜨는 국제선시장을 사실상 독점해온 JAL도 이나모리 가즈오가 보기에는 일본전신전화공사와 마찬가지로 '도전해야 할 대상'이었다.

그러나 JAL이 없어지면 일본 항공업계는 사실상 ANA의 독점이 되어버린다. 이나모리 가즈오는 독점을 방지하기 위해 '그토록 싫어하던 JAL'을 구하기로 했다. 독점은 더 싫었기 때문이다.

기득권자에 대한 반발

이나모리 가즈오는 원래 '반골 기질'을 타고났다.

태어나 자란 가고시마는 사농공상의 계급 차이가 확실

한 지역이다.

부친이 인쇄업으로 사업에 성공해서 이나모리 일가는 시마즈 일가 무사들이 모여 사는 구역에서 살게 되었다. 가까운 곳에는 세이난 전쟁에서 사이고 다카모리를 따르던 무사인 헨미 주로타의 집이 있고, 초등학교 친구들은 모두 무사 집안의 자식들이었다. 어린 이나모리 가즈오가 '우리 집도 무사의 집'이라고 생각한 것은 무리가 아니었다.

"왜 우리 집에는 검이 없는 거지?"

친구 집에 놀러 가면 모두 멋진 검이 장식되어 있었는데, 자신의 집에는 없었다. 이상하다고 생각한 이나모리 가즈오는 형과 함께 집 안을 구석구석 뒤져 결국 다락방에서 일본도를 찾았다.

"역시 우리 집도 무사의 일족이었어."

형제는 기뻐했다.

하지만 중학교 진학원서에 신분을 적는 칸이 있었는데, 부친은 그곳에 '평민'이라고 적었다. 검은 이나모리 일가가 살기 전에 그곳에 살았던 무사 일족이 잃어버리고 간 것이었다.

"그땐 참, 실망스럽고, 낙심했었지요."

돌이켜 생각해보니 주변 친구들이 자신을 얕잡아 보았던 것 같다는 생각도 들었다.

이나모리 가즈오의 모친은 강한 사람이었다. 이나모리 가즈오의 친할머니는 일찍 돌아가셔서 이나모리 가즈오의 모친은 친삼촌들의 어머니 역할까지 했다.

어느 날 막내 삼촌이 이웃에 사는 무사 일족의 고등학생에게 맞고 왔다. 이나모리 가즈오의 모친은 삼촌의 손을 잡고 다른 한 손에는 목검을 들고 상대방 집으로 달려갔다.

"가고시마의 명문 고등학교에 다니는 교양 있는 인간이 나이 어린 사람에게 상처를 입히는 일이 한심하다고 생각하지 않는가?"

상대를 크게 꾸짖고 사과를 받아냈다. 최악에는 목검으로 한 판 겨룰 심산이었다고 한다. 이나모리 가즈오는 그런 모친의 아들이다.

"가고시마 사투리로 부자를 분겐샤分限者라고 불렀습니다. 분겐은 자신이 지닌 신분과 재능의 정도를 말하지요. 부자는 신분과 재능을 타고난 기득권자라는 의미에서 나온 말인지도 모르겠습니다. 나는 어릴 적부터 그런 신분이 다른 기득권층에 대해 까닭없는 반발심이 있었습니다."

생활감각은 서민

 통신사업에 뛰어들었을 때 이나모리 가즈오를 중심으로 한 제2전신전화주식회사가 염두에 두었던 계획은 전국에 뻗은 노선망을 가진 JR Japan Railways이었다. 선로를 빌려 그곳에 통신회선을 깔면 초기투자비용을 상당히 줄일 수 있다.

 하지만 센모토 사치오가 동료와 함께 부탁하러 가면 JR은 좀처럼 명쾌한 대답을 해주지 않았다. JR은 나중에서야 "우리도 통신시장에 참여하기로 했습니다. 노선은 빌려드릴 수 없습니다"라고 밝혔다.

 JR과 함께 눈독을 들인 것은 도메이고속도로 등의 인프라를 가진 도로공단. 그러나 이쪽도 태도가 분명하지 못했다. 결국에는 도요타자동차와 결합해서 통신사업에 참여한다고 밝혔다.

 제2전신전화주식회사는 제로에서부터 전부 자기부담으로 통신망을 깔아야 했다. 처음에 이나모리 가즈오가 사업 참여를 하겠다고 했을 때는 '거대 기업인 일본전신전화공사에 도전하는 벤처의 기수'라고 이나모리 가즈오를 띄워주던 미디어도 JR과 도로공단이 나서기 시작하자 완전히 그쪽으로 눈을 돌렸다. 제2전신전화주식회사는 서비스를 시작하기 전부터 패배자 취급을 당했다.

NTT를 비롯한 JR, 도로공단, 도요타와 같은 대기업에 포위당해서 돈도 없고 설비도 없고 인재도 부족한 제2전신전화주식회사는 절체절명의 위기에 빠진 것처럼 보였다. 상황이 이렇게 됐어도 이나모리 가즈오는 의연했다.

당시 50대 초반이었던 이나모리 가즈오는 '통신개혁'의 뜻을 품고 NTT를 퇴사해서 제2전신전화주식회사로 이직해온 젊은 사원들을 모아 자주 뒤풀이 자리를 가졌다.

저렴한 소고기를 넣은 전골을 먹으며 "반드시 이긴다"라고 반복했다. 취기가 돌 무렵이면 젊은 사원들도 이나모리 가즈오의 높은 혈기에 반응해서 "힘내봅시다"라고 서로 기운을 북돋는다.

"그건 마치 사상개조나 포교활동 같은 느낌이라고나 할까. 절체절명의 위기인데도 이나모리 가즈오 씨가 있으면 질 것 같지가 않았지요."

센모토 사치오가 그때를 회상하며 말했다.

더불어 81세가 된 지금도 이나모리 가즈오가 가장 좋아하는 음식은 규동이다. 일본식 소고기덮밥인 규동은 일본에서 가장 저렴하게 한 끼를 때울 수 있는 대표적인 서민 음식으로, 이나모리 가즈오는 대표적인 규동 체인점인 요시노야를 자주 이용했다. "유락조에 있는 요시노야가 가장 맛있다"라는 것이 지론으로 규동에 대한 지식을 쏟아내기 시작하면 멈추지 않았다. 남이 보면 교세라, KDDI를 성공으로 이끈 이나모리 가즈오는 부정할 수 없는 분겐샤지만 그의 생활감각은 '평민' 그대로였다.

그 후, 통신시장은 상사商社와 외자外資도 참여해서, 30년에 걸친 격심한 경쟁이 펼쳐졌다. 그 격전의 현장을 돌파한 것은 이나모리 가즈오의 KDDI와 손정의의 소프트뱅크였다. JR도 도로공단도 상사도 외자도 모두 발을 빼고 지금 NTT와 대치하는 것은 두 명의 기업가가 만든 회사뿐이다.

"결국, 경영력의 차이라고 생각합니다. 대기업에서 낙하산 인사로 일하는 경영자와는 그릇이 다르지요."

나중에 이액서스e-Access를 차려 자신도 기업가가 된 센모토 사치오는 2012년에 자신의 회사를 소프트뱅크와 통합하기로 했다. 결단할 당시 머릿속에 떠오른 것은 이나모리 가즈오였다.

"나의 인생을 바꾼 것은 경영을 가르쳐준 이나모리 가즈오 회장님입니다. 하지만 우리 회사 사원의 앞길을 생각해서 결국에는 손정의 씨를 선택했습니다."

센모토 사치오는 약간 쓸쓸한 미소를 보였다.

5
이것이 경영이구나

근사한 계획과 더 근사한 변명

이나모리 가즈오가 경영에 꼭 필요하다고 생각하는, 한 달에 한 번은 반드시 하는 회의가 있다.

실적보고회.

약 30명의 임원이 한 명씩 돌아가면서 그달의 예상 수치, 그에 따른 실제 실적, 그리고 다음 달의 전망을 설명한다. 보고를 들으면서 이나모리 가즈오는 세밀한 숫자가 빡빡하게 채워진 A3 용지를 샅샅이 읽어가며 계속 질문을 해댄다. 실적이 예상 수치에 못 미쳐도, 뛰어넘어도 이나모리 가즈오는 그 이유를 묻는다. 답을 하지 못하면 가차 없는 질책이 날아온다.

집행임원 운항본부장 시절의 우에키 요시하루도 공격받은 적이 있다.

"(조종사가 사용하는) 헤드셋 수리비가 늘었군. 이유를 이야기해보게."

"……"

우에키 요시하루는 대답하지 못했다.

'그러고도 1,400명의 조종사를 대표한다고 말할 수 있는가?'

이나모리 가즈오의 얼굴에는 이렇게 쓰여 있는 것 같았다.

매달, 이나모리 가즈오 앞에는 80~100장의 A3 용지가 쌓인다. 그것을 81세라고 생각되지 않는 집중력으로 숙독하여 다른 임원이 놓치기 쉬운 '구멍'을 찾아낸다. 회의를 시작한 2010년 5월에는 대답하는 쪽이 '전멸'당했기 때문에 회의는 사흘이나 걸려 겨우 끝났다. 지금도 하루 반나절은 걸린다.

실적보고회는 마치 도장에서 서로 대련하는 모습과 닮았다. 비용이 늘어난 이유를 "전달의 계상이 잘 맞지 않아서 이번 달 지급 금액이 늘었습니다"라는 식으로 설명하면 "업무 프로세스가 엉망이라서 그런 결과가 나오는 것이 아닌가"라고 묵사발이 된다.

"대략 50억 엔입니다"라고 설명하면 "대략은 숫자가 아니지", "80퍼센트 정도 됩니다"라고 말하면 "정도라는 말은 사용하지 말게"라는 질책이 돌아온다.

JAL의 임원이 잘 쓰는 관료적인 수식어는 전부 격퇴당했다.

비행기는 태풍이 불면 날지 못하고, 경기가 나빠지면 비즈니스 고객이 줄어든다. 항공사의 비즈니스는 환율변동, 원유가 폭등 등 실적악화의 변명거리를 찾기에는 어려움이 없다. '근사한 계획'을 세워둔 다음 달성하지 못하면 이런 요소를 총동원해서 '계획보다 더 근사한 변명'을 만든다. JAL 엘리트의 모습은 중앙관청의 관료와 똑같았다.

하지만 이나모리 가즈오는 변명도 관료도 아주 싫어했다. JAL 임원이 특유의 관료적 수식어를 사용할 때마다 일일이 지적해서 고쳐줬다. 민영화한 NTT에 총재로 오게 된 신토 히사시가 사원들이 일본전신전화공사 시절의 수식어를 자꾸 사용하면 "일본전신전화공사어 금지!"라며 나무란 것과 아주 비슷하다. 이것은 사상개조의 일종이었다.

모든 숫자에는 이유가 있다

입사 이후 34년 동안, 조종사로 비행하고 임원이 되기 전까지 본사에서 근무해본 적이 없는 우에키 요시하루는 이렇게 말했다.

"조종사에게 PDCA Plan-Do-Check-Act는 당연한 일이었습니다. 특히 C와 A는 생명에 관여된 일이라서 항상 철저하게 지킵니다. 하지만 본사에서 근무한 지 오래된 사람은 P에 엄청난 공을 들이고 D, C, A를 소홀히 하는 경향이 있더군요."

근사한 계획 Plan을 세우면 할 일을 다 했다고 생각한다. 실행 Do도 검증 Check도 개선 Act도 하지 않기 때문에 좋은 결과를 얻을 수 없는 것이 당연하다. 어째서 계획대로 할 수 없었는지에 다양한 이유를 들어 그럴듯하게 말을 엮는 사람이 출세한다. '대략' '어느 정도'라고 말해두면 나중에 숫자에 미치지 못하더라도 거짓말을 한 것이 되진 않는다.

오차가 '대략'이라는 범주를 넘었을 때는 저번 달의 계산을 문제 삼아 도망친다. 그런 습관에 젖어 있었다.

언젠가 실적보고회에서 임원 중 한 명이 이런 수식어를 사용했다.

"숫자가 널을 뛰고 있습니다."

그러자 이나모리 가즈오는 불같이 화를 냈다.

"숫자가 어떻게 널을 뛰나!"

수입은 왜 줄었는지, 비용은 어째서 늘었는지, 모든 숫자에는 반드시 이유가 있다. 이것을 알아야 다음에 어떻게 해야 할지 답이 나온다. 하지만 날씨나 불황 탓으로 돌리면 대책을 세울 방도가 없다. 그래서야 경영이라 할 수 없다.

이나모리 가즈오에게 수식어를 금지당한 JAL 임원들은 회의 전에 꼼꼼하게 조사해서 정보로 무장하게 되었다. 매달 실적보고회가 다가오면 임원은 부장에게, 부장은 과장에게, 과장은 사원들에게 자세한 설명을 요구한다. 저절로 모두가 현장 사정에 정통하게 된다. 수식어를 금지당했기 때문에, 임원실에만 앉아서 현장엔 통 나오지 않던 임원들이 자신도 모르게 현장에 나간다.

물론 숫자를 세세하게 파악하는 것이 경영의 목적은 아니다. 이나모리 가즈오는 그 숫자를 바탕으로 어떤 판단을 내리고 앞으로 어떻게 움직일지에 대해 묻는다.

다시 실적보고회. 담당 임원이 설명한다.

"……라는 이유로 이번 달은 수입이 줄었습니다."

"줄었는데?"라고 말하는 이나모리 가즈오.

"네?"

"줄었다는 것은 알겠는데, 그래서 어떻게 할 계획인가?"

"그것은, 저……."

"자네는 평론가인가?"

저번 달과 이번 달의 숫자 변화를 파악해서 그 원인을 찾아내고 대책을 세워 다음 달의 예상을 세운다. 여기까지 보고를 하지 않으면 이나모리 가즈오는 끝까지 물고 늘어졌다.

나열된 숫자 속에 숨겨진 이야기를 읽어내다

2010년 2월에 JAL 회장이 된 이나모리 가즈오는 우선

공항과 영업소 등 현장을 먼저 돌았다. 그 후, 모든 자회사의 사장, 약 100명과 면담을 했다. 한 사람에 한 시간으로 총 100시간이 넘었다. 주말도 쉬지 않고 아침 9시부터 저녁 6시까지 2주일 동안 줄기차게 점심도 제대로 먹지 못하면서 이야기를 들었다.

'저 친구는 꽤 열심이군.'

'이 친구 고생이 많구먼.'

이나모리 가즈오는 무미건조한 숫자의 나열 속에서 소리 없는 소리를 듣고 그 배후에 숨어 있는 이야기를 읽어낸다.

'세부를 보지 못하면 회사의 진짜 모습은 볼 수 없다.'

50년 가까운 경영 경력으로 도달한 경지다.

"매번 느끼지만 정말 대단하세요. 어떻게 하면 그런 세세한 숫자를 찾아낼 수 있는 건가요?"

우에키 요시하루는 사장이 된 후에 한 번, 이나모리 가즈오에게 물은 적이 있다. 이나모리 가즈오는 웃으며 대답했다.

"그게 말이지, 참 재밌게도 종이에 적힌 숫자가 저절로 튀어나온다네."

"아! 그거군요."

조종사 경력 34년의 우에키 요시하루에게는 공감이 가는 부분이 있었다. 조종사로 베테랑의 영역까지 오른 어느 날을 경계로 무수한 계기판에 둘러싸인 조종실 안에서 이상한 수치는 일부러 찾지 않아도 눈에 들어오게 되었다.

하지만 초임 사장인 우에키 요시하루는 자료를 보더라도 숫자가 튀어나오지 않는다. 세세한 숫자에서 경영의 문제점을 찾아내는 이나모리 가즈오를 보면서 생각한다.

"이것이 경영이구나."

스카이팀인가 원월드인가

옮길 것인가 말 것인가. 그것이 문제였다.

회사갱생법의 적용신청 후에 JAL 사장이 된 오니시 마사루는 갑자기 어려운 선택을 해야만 했다. 항공연합 이적 문제가 거론됐기 때문이다.

현재의 세계 항공업계의 경쟁은 코드셰어링Code Sharing, 좌석 공동이용 협약 항공편이나 마일리지 서비스의 공유 등으로 여객의 편리성을 경쟁하는 '단체전'을 펼치고 있다.

세계의 중요 항공동맹체는 유나이티드항공 등이 속한 스타얼라이언스, 델타항공이 중심인 스카이팀, 아메리칸항공과 영국항공이 이끄는 원월드 이렇게 세 개다.

JAL은 원월드, ANA는 스타얼라이언스에 속해 있다. 동맹체의 규모는 27사를 모은 스타얼라이언스가 최대이며 그다음이 19사의 스카이팀. JAL이 속한 원월드는 13사로 규모가 가장 작다.

JAL은 파산하기 전에 델타항공이나 아메리칸항공과의 자본업무 제휴로 위기를 모면하는 길을 모색해보려고 한 적이 있었다. 델타항공과의 제휴가 유력해진 적도 있었지만, 그것으로 해결될 만큼 상황은 가볍지 않아서 최종적으로는 회사갱생법 신청을 결정했다.

하지만 법저정리가 결정된 후에도 델타항공은 JAL을 자신의 진영으로 끌어들이기 위해서 다양한 제안을 했다. 그것을 받아들여 JAL 사내에서도 동맹에 대해 재검토에 들어갔다.

경쟁사인 ANA가 있는 스타얼라이언스로 옮길 수는 없

지만, 델타항공의 스카이팀이라면 이적도 가능하다. 스카이팀으로 옮기면 JAL의 재건에 전면적으로 협력하겠다는 약속도 받았다. JAL의 입장에서 나쁜 이야기는 아니다.

"항공업계의 연대는 규모가 생명입니다. 스카이팀으로 옮겨야 합니다."

JAL의 중견들과 젊은 사원은 모든 데이터를 검토한 결과 스카이팀으로 옮겨야 한다고 주장했다.

"옮기려면 파산을 한 지금밖에 없습니다. 이 기회를 잡아야 합니다."

국토교통성에서도 데이터를 제공하며 스카이팀으로 들어가는 안을 지지했다.

결론은 2010년 2월 중으로 내려야만 한다. 이제 막 사장 자리에 앉은 오니시 마사루는 흔들렸다.

당시 이나모리 가즈오는 이적 문제에 거의 흥미를 보이지 않다가, 이것이 경영에 중요한 사안이라는 것을 인식하자 원월드와 스카이팀 양쪽 수뇌를 만나야겠다고 말했다.

고객의 특전을 보호하는 것이 우선

먼저 만난 것은 스카이팀.

델타항공의 경영진은 수십 명이나 되는 컨설턴트와 변호사를 동반하고 JAL을 방문해 대대적인 프레젠테이션을 전개했다.

"스카이팀으로 이적하면 JAL에는 다음과 같은 메리트가 있습니다."

"원래 이적에는 상당한 액수의 비용이 듭니다. 그것을 우리가 부담하겠습니다."

'오호, 듣기보다 수완가로군.'

상대를 압도하는 델타항공의 프레젠테이션을 들으면서 이나모리 가즈오는 이렇게 생각했다.

다음은 원월드.

아메리칸항공의 최고경영책임자인 제럴드 아프리의 표정에는 강한 위기감이 엿보였다. JAL 현장이나 국토교통성이 델타항공 쪽으로 기울었다는 이야기는 이미 들어서 알고 있었다. 어떻게 해서든 반격을 하고 싶지만, 규모가 열악한 아메리칸항공은 델타항공처럼 좋은 조건을 제시할 수 없었다.

"앞으로 JAL은 재건을 위해 다양한 문제를 풀어가야 할 것입니다. 우리는 JAL 재건에 전면적으로 협력하고 싶습니다."

'흠, 인품이 뛰어나지만, 박력이 약간 부족하네.'

양쪽 진영의 프레젠테이션을 다 듣고 난 이나모리 가즈오가 낸 답은 '남는다'였다.

'이유가 뭐냐!'

스카이팀으로의 이적을 주장하던 JAL의 현장은 들썩였다. 오니시 마사루는 중간에서 곤혹스러웠다. 이나모리 가즈오는 이해하지 못하겠다는 표정인 오니시 마사루에게 이렇게 말했다.

"오니시 마사루 사장. 나는 동맹을 바꾸는 것은 아주 복잡한 일이라고 생각하네."

"네, 그렇긴 하지만, 그걸 뛰어넘을 정도의 장점이 있다고 현장은 말하고 있습니다."

"음. 그럴 수도 있겠지. 하지만 JAL이 지금 해야만 하는 일이 무엇인가?"

"재건입니다."

"그래, 그렇다면 곁눈질을 하지 말고 재건에 집중해야 하지 않는가?"

"맞습니다."

"오니시 마사루 사장, 한 가지 묻고 싶은 것이 있네만. 스카이팀으로 이적을 하면 JAL 고객이 원월드에서 얻은 특전은 어떻게 되는가?"

"그건 없어집니다."

"지금 JAL을 이용하는 고객은 JAL이 이런 상황에 빠졌는데도 JAL을 이용하는 고객이 아닌가. 그 고객에게 득이 될 것이 없는 상황을 만들어서는 안 된다고 생각하네."

그리고 마지막으로 이나모리 가즈오는 이렇게 말했다.

"이보게, 오니시 마사루 사장. 나는 비즈니스에서 가장 중요한 것은 신의라고 생각하네. 아메리칸항공은 지금까지 함께 걸어온 동류인데, 그것을 우리만이 사정으로 끊어도 되는 건가?"

인정할 수 있을 때까지 철저히 생각한다

이때의 결단을 이나모리 가즈오는 이렇게 설명한다.

"나는 항공업계를 처음 접하다 보니 아직 전문적인 것은 잘 몰라요. 두 회사 CEO의 이야기를 들으면서 인품을 지켜봤습니다."

"그리고 이렇게 생각했어요. 우리가 스카이팀으로 옮기면 태평양노선에서는 델타항공이 압도적으로 유리해지고, JAL에는 나쁘지 않은 제안이지요. 한편으로 아메리칸항공은 한쪽 날개가 떨어져나가는 정도의 피해를 봅니다. 하지만 이 건에 관해서 아메리칸항공의 과실은 없습니다. 이적은 어디까지나 우리만 좋자고 하려는 겁니다."

"델타항공의 제안은 확실히 매력적이었지만 그것 때문에 특별한 과실도 없는 아메리칸항공을 저버리는 것은 합리적일지는 몰라도 신의를 저버리는 행동이지요. 제럴드 아프리 씨는 신뢰할 수 있는 사람이었습니다. 이런 문제는 이해득실을 따지기보다는 리더의 인간성을 보고 결정해야 한다고 생각합니다."

이런 이나모리 가즈오의 결단을 옆에서 지켜본 오니시

마사루는 다음과 같이 말했다.

"이나모리 가즈오 회장님은 우리가 생각하는 것같이 어느 쪽이 이득이고 어느 쪽이 손해인가에 대한 차원으로 결정하지 않습니다. 눈앞에 떨어진 안건의 본질이 완전히 이해가 될 때까지 철저히 고민합니다."

"이나모리 가즈오 회장님은 한번 결정한 일에 흔들리지 않습니다. 자신이 '이게 정말 맞다'라고 생각이 들 때까지 생각하고 또 생각해서 결론을 내리기 때문이라고 생각합니다. 회장님의 이야기를 듣고 저도 충분히 이해할 수 있었기 때문에 그 후에는 현장 직원들에게 이유를 자세히 설명해서 이해를 받았습니다."

이나모리 가즈오의 결단에 감격한 아메리칸항공의 CEO 제럴드 아프리는 이나모리 가즈오가 쓴 《카르마 경영》의 영어판을 같은 회사의 간부 수십 명에게 나눠줬다. 그것만이 아니라 댈러스에 있는 본사로 이나모리 가즈오를 초대해서 강연을 부탁했다. 이나모리 가즈오가 아메리칸항공의 간부들에게 '리더론'을 강의하자 제럴드 아프리는 보답으로 특별 주문제작한 카우보이 모자와 부츠 그리고 벨트를 선물했다.

"항공업계의 아마추어에다 망한 회사의 회장이 미국의 외딴 도시까지 가서 강연하는 건 좀 이상한 이야기지요. 그래도 JAL과 아메리칸항공의 신뢰관계가 강해졌으니, 좋은 일이라고 생각합니다."

이나모리 가즈오는 이렇게 말하며 웃었다.

이나모리 가즈오는 항공동맹체의 이적에 관한 사안을 처리하면서 오니시 마사루에게 '경영철학'의 실천을 가르쳤다. 오니시 마사루도 그 가르침을 확실히 배우고 익혔다.

오니시 마사루는 노력가로 우수한 제자였다. 하지만 "3년만 하고 JAL의 대표 자리에서 물러나겠다"라고 결정한 이나모리 가즈오는 자신의 경영을 이어갈 인재를 한 명 더 키우고 싶었다.

그것이 현재 사장인 우에키 요시하루다.

조종사 외길 인생을 접고

항공사의 사장으로서 우에키 요시하루의 경력은 특이한

면이 있다.

항공대학을 졸업하고 1975년에 JAL에 입사해서 2010년에 집행임원이 되기까지 34년 동안 우에키 요시하루는 줄곧 조종간을 잡고 있었다. 이전에도 조종사 자격을 가진 사장은 있었지만, 전문 조종사가 사장이 된 예는 일본 항공업계가 생긴 이후 처음이다. 물론 우에키 요시하루 자신도 사장이 될 생각은 추호도 없었다. 사장은커녕 임원이 될 생각도 없었다.

2010년 1월 당시 JAL 자회사인 제이에어J-AIR의 부사장 겸 기장이었던 우에키 요시하루의 근무지는 아이치 현의 고마키 시였다. 그곳으로 도쿄 본사의 비서 부장에게서 전화가 걸려왔다.

"우에키 요시하루 씨, 당신에게 집행임원 운항본부장을 맡기려고 합니다."

"저…… 죄송하지만, 사흘만 생각할 시간을 주십시오."

"임원 취임 오퍼입니다. 보통은 거절하는 사람이 없는데요."

비서 부장은 우에키 요시하루의 진의를 가늠할 수 없어서, 일단은 못을 박아두었다.

"알고 있습니다. 생각을 좀 하게 해주십시오."

당시 JAL에는 3,000명의 조종사가 있었지만, 관리직 부장은 14~15명 정도밖에 없다. 그중 한 명인 자신에게 운항본부장의 직위가 떨어질 것이라는 예감이 전혀 없었다고 할 수는 없지만, 우에키 요시하루는 거절할 생각이었다.

마지막 비행.

정년퇴직을 맞는 기장은 그날만큼은 함께 비행할 파트너를 스스로 선택한다. 친한 동기를 선택하는 사람도 있고, 자신이 키운 젊은 후배를 선택하는 사람도 있다. 무사히 마지막 착륙을 마치면 객실승무원으로부터 꽃다발과 함께 화려한 배웅을 받는다.

조종사 외길 인생.

존경하는 선배들은 모두 그렇게 살았다.

파산 전, 베테랑 기장의 연봉은 약 3000만 엔. 적자가 날 때마다 보수를 줄여온 본사의 임원 연봉을 훨씬 뛰어넘는 액수다. 파산 전 마지막 사장으로 구조조정에 분주했던 니시마쓰 하루카는 "부장급 월급으로 일하겠다"라고 말하고 자신의 연봉을 960만 엔으로 낮췄다. 수입만을 생각하면 정년퇴직까지 기장으로 있는 편이 좋다.

우에키 요시하루는 항공대학의 입시에서 한 번 떨어진 적이 있다. 게이오대학에 진학했지만 아무래도 포기할 수 없어서 항공대학 입학시험을 다시 봐서 조종사가 된 사나이다. 비행이 정말 좋아서 선택한 길인 만큼 끝까지 걷고 싶었다. 57세의 우에키 요시하루는 3년 후에 자신도 마지막 비행을 마치고 영광스러운 은퇴의 길을 화려하게 장식할 계획이었다.

평소라면 우에키 요시하루는 "마지막까지 기장으로 일하고 싶습니다"라고 자신의 의사를 표명할 것이다. 하지만 이때는 상황이 달랐다. 회사가 파산한 것이다.

파산한 회사의 임원이 되면 고생만 하고 보답은 없다. 하지만 우에키 요시하루의 생각은 반대였다.

"이번에 임원 취임을 거절하면 나만 흙탕물을 피하려고 도망하는 것과 같다."

동료와 후배의 얼굴이 떠올랐다.

"회사 재건을 위해서라면 조종간을 놓는 것도 의미가 있다."

"집행임원 운항본부장에 취임하겠습니다."

오퍼를 받고 사흘 후, 우에키 요시하루는 비서 부장에게 전화를 걸어 말했다.

기계는 고장이 나고 인간은 실수를 한다

1월 하순, 집행임원 취임을 결정한 우에키 요시하루에게 그날은 마지막 비행이었다. 하지만 임원인사는 아직 발표하지 않은 상황이라 아무에게도 오늘이 마지막 비행이라고 말하지 못했다. 우에키 요시하루는 기장으로 언제나처럼 2박 3일의 로테이션에 들어갔다. 함께 비행한 사람은 기장 승격시험을 코앞에 둔 부조종사였다.

이착륙은 하루 4회로 사흘 동안 12회. 우에키 요시하루 같은 베테랑 기장은 1번이나 2번 정도만 시범을 보이고 나머지는 부조종사에게 맡기는 것이 보통이다. 그러나 이번이 '마지막 비행'인 우에키 요시하루는 12회의 이착륙을 전부 자신이 맡아서 했다. 놀란 쪽은 부조종사였다.

"저는 기장 자격이 없다고 생각하시는 건가요?"

심각한 얼굴로 묻는 부조종사에게 사실대로 말해주지는 못하고 "아니야. 지금은 뭐라 못 하겠지만, 며칠 후면 내가 왜 그랬는지 알게 될 거야"라며 대답을 피했다. 우에키 요시하루의 인사이동이 발표된 것은 2월 1일. 회사갱생법 신청을 한 지 2주 후의 일이었다.

운항본부장으로 1,400명 조종사의 입장을 대표하게 된 우에키 요시하루는 이나모리 가즈오에게 꼭 물어보고 싶은 것이 있었다. 안전과 비용의 상관관계에 대한 문제다.

우에키 요시하루가 아직 입사 10년 차로 부조종사였던 1985년 8월 12일, 하네다공항에서 출발해 오사카로 향한 JAL 123편이 군마 현의 오스타카 산에 추락해서 승무원과 승객 520명이 생명을 잃었다.

다음 날 비행 예정이 있던 우에키 요시하루는 무릎이 덜덜 떨렸던 기억이 있다. 의연하게 조종간을 쥐고 있는 기장을 보면서 언젠가는 저렇게 되고 싶다고 생각했다.

그때 우에키 요시하루를 비롯한 JAL의 모든 조종사는 두 가지를 가슴에 새겼다.

'기계는 고장이 난다.'

'인간은 실수한다.'

피해 갈 수 없는 이 두 가지 요소를 공략해서 사고로부터 멀어지기 위해서라면 아무리 높은 비용이라도 지불해야 한다. 사고 후 나카소네 야스히로 수상의 권유로 JAL 회장직을 받아들인 가네보 회장 이토 준지는 '절대 안전'을 목표로 비행기 한 대의 유지보수만을 담당하는 '비행기별 전용 정비사' 제도를 도입했다. 안전을 책임지는 조종사는 이전보다 더 융숭한 대접을 받게 되었다.

'비용을 삭감하면 안전에 문제가 생긴다.'

조종사를 필두로 한 운항 관련 사원은 대부분 이렇게 생각하고 있었다. 회사가 파산했으니 비용 삭감은 피할 수 없다. 하지만 그 때문에 안전에 위협을 받아서는 안 된다.

우에키 요시하루는 첫 뒤풀이 자리에서 이나모리 가즈오에게 이렇게 물었다.

"회장님, JAL은 앞으로 혹독한 구조조정을 진행해야 하겠지만, 안전을 유지하려면 비용이 듭니다. 회장님은 안전과 비용 중 어느 쪽을 우선으로 두겠습니까?"

이나모리 가즈오는 이렇게 답했다.

"자네는 안전유지에는 돈이 든다고 말하지만, 그 돈은

저절로 생겨나는 것이 아니지. 이익이 없다면 비행기를 정비할 돈도 부족해지겠지. 하지만 안전하지 않으면 이익이 생기지 않을 테고. 결국, 양쪽 다 중요하다고 생각하네."

'그거야 그렇지만.'

너무도 당연한 대답에 우에키 요시하루는 내심 실망했다.

그러나 몇 개월 후에 우에키 요시하루는 이나모리 가즈오의 진의를 알게 된다.

시소의 받침점을 들어 올리는 발상

그날 우에키 요시하루는 운항본부장 자격으로 조종사의 출퇴근용 차량 지원에 대해 이나모리 가즈오와 이야기를 나눴다. 운전사가 포함된 전세 자가용이나 택시를 출퇴근 시 사용하게 해주는 조종사의 차량 지원은 파산 전부터 '사치스럽다'며 세간의 비난을 받았다.

가장 먼저 구조조정의 대상이 되어도 마땅한 상황이었지만, 몇 년 전까지만 해도 조종간을 잡고 있던 우에키 요시하루는 이 사안을 끈질기게 물고 늘어졌다.

"저는 운항본부장으로서 오늘 뉴욕까지 비행해야 할 조종사를 만원 전철에 태우고 싶지 않습니다."

"무슨 소린지는 알겠네. 하지만 지금처럼 차량을 지원하진 못하네."

"그건 알고 있습니다."

우에키 요시하루가 제시한 구조조정 안은 다음과 같다.

'공항까지의 출근은 원칙적으로 공공교통기관을 이용한다. 하지만 짐 넣을 곳이 있고 예약으로 확실히 앉아서 탈 수 있는 고속버스나 전철의 지정석 이용을 인정한다. 조종사는 짐이 많으므로 자택에서 가까운 역까지의 이동은 택시 이용을 인정한다.'

우에키 요시하루의 설명이 끝나자 이나모리 가즈오는 물었다.

"그러면 자신의 집에서 택시를 타는 사람이 여전히 있게 되는군."

"그렇습니다. 안전을 위한 투자라고 생각해주십시오."

이나모리 가즈오는 눈을 감고 가만히 생각에 잠겼다가 말했다.

"자네가 그렇게 말한다면 필요한 거겠지. 알겠네. 그렇게 진행하게."

이나모리 가즈오는 흔쾌히 인정했다.

"저의 머릿속에서는 안전과 비용은 시소 관계였습니다. 그런데 이나모리 가즈오 회장님은 시소의 받침점을 들어 올리면 된다고 생각했지요. 안전도 챙기고 이익도 얻는 것이 가능하다는 생각입니다."

우에키 요시하루는 출퇴근용 차량 지원이라는 기득권을 빼앗긴 조종사의 사기가 떨어질 것을 가장 우려했다. 그러나 '사원 전원이 경영자'라는 개념의 아메바 경영이 침투하자 긍지 높은 조종사가 조종석에 자신의 개인 컵을 들고 타게 되었다. 1개에 2.5엔인 종이컵을 절약하기 위해서다.

"JAL 재생을 위해서 우리가 할 수 있는 일이 있다."

JAL의 직원 중에서도 특권의식이 가장 강한 조종사들이 이렇게 생각하기 시작했다.

"조종사의 안내방송 내용이 바뀌었습니다. 저희 때는 획일적으로 정해진 멘트를 했지만, 지금은 각각의 조종사가 자신만의 스타일대로 고객에게 이야기를 합니다. 매번 무슨 이야기가 나올지 기대하며 듣는다고 말해주는 고객도 있습니다"라고 우에키 요시하루는 말했다.

어느 날 우에키 요시하루가 탄 비행기의 기장은 착륙 후에 이런 내용의 안내방송을 했다.

"오늘 탑승해주셔서 감사합니다. 우리 운항승무원은 안전규정 때문에 조종석을 떠날 수 없습니다. 출구까지 나가진 못하지만, 여기에서 방송으로 배웅하겠습니다."

비행기 트랩을 내려온 우에키 요시하루가 돌아보니 진짜로 기장이 조종석에서 손을 흔들고 있었다.

'보기 참 좋군.'

이것은 규칙에 따른 행동이 아니다. 그 기장이 스스로 생각해서 행동한 것이다. 우에키 요시하루는 JAL의 변화를 실감했다.

하지만 그곳에 이르기까지는 험난한 가시밭길의 연속이었다.

어설픈 동료의식으로는 회사를 구하지 못한다

집행임원 운항본부장이 된 우에키 요시하루에게 처음

으로 맡겨진 업무는 전체 약 3분의 1에 해당하는 조종사 800명에 대한 구조조정이다.

"동기들은 거의 전부 그만두게 되었지요. 앞으로 몇 년 남지 않았는데……. 그들은 마지막 비행까지 가지 못했습니다."

우에키 요시하루도 예전에는 승무원조합이나 기장조합에 속해 있었다. 그만둔 800명은 자신과 마찬가지로 조종간 잡는 것을 밥 먹는 것보다 더 좋아하는 동료였다.

'정말 이런 짓을 해도 되는 걸까? 이것밖에 방법이 없는 건가?'

우에키 요시하루는 갱생계획 자체를 의심하며 동료를 잘라내지 않고 재생할 방법을 찾아 한 달 가까이 고민했다. 하지만 아무리 생각해봐도 다른 방법이 없었다.

우에키 요시하루는 극도의 긴장을 강요당하는 비행기 조종석에서 34년을 보냈기 때문에 정신력만큼은 자신이 있었다. 하지만 운항본부장을 맡고 6개월이 지나자 정신의 균형이 부너지는 것이 느껴졌다. 우에키 요시하루는 이런 이야기를 이나모리 가즈오에게 솔직히 털어놓았다.

"회장님, 괴롭습니다."

그러자 이나모리 가즈오는 우에키 요시하루에게 이렇게 물었다.

"우에키 요시하루 본부장, 자네의 대의는 뭔가? 자네는 무엇을 위해 조종석에서 내려와 여기에 있나?"

우에키 요시하루는 6개월 전, 집행임원이 되었을 당시의 결심을 떠올렸다.

"회사를 재건하기 위해서입니다."

동료에게 도움도 주지 못하는 상황이 괴롭다고 주저앉으면 회사는 구할 수 없다. 우에키 요시하루는 다시 결심했다.

운항본부장이 된 지 10개월밖에 안 된 2010년 12월, 우에키 요시하루는 이나모리 가즈오에게 불려 갔다. 무슨 일인지 궁금해하면서 회장실에 가보니 이나모리 가즈오는 거침없이 말했다.

"앞으로 노선총괄본부장을 맡아주길 바라네."

우에키 요시하루는 너무 놀라 의자에서 굴러떨어질 뻔했다.

노선총괄본부는 JAL에 아메바 경영을 심어 넣기 위해

이나모리 가즈오의 주선으로 새롭게 설치된 전략부서다. 이제 막 임원이 된 우에키 요시하루는 다른 집행임원들과 "누가 본부장이 될까?"라며 화젯거리 삼아 이야기를 하고 있었다.

"회장님, 저는 그런 지식도 경험도 없습니다."

우에키 요시하루가 강하게 사양하자 이나모리 가즈오가 말했다.

"그건 알고 있네."

자신의 경영철학을 이어갈 인간이 누구인지, 이나모리 가즈오는 JAL에 온 후로 10개월 동안 30명의 집행임원을 주의 깊게 관찰했다.

"교세라나 KDDI에서 사장을 선택할 때도 언제나 이렇게 했지요. 중요한 것은 리더감인지 아닌지를 봅니다. 인간성과 품성이 좋지 않으면 사장을 할 수 없습니다. 물론 관료는 절대 뽑지 않습니다."

이런 기준으로 체에 거르다 보니 마지막에 남은 것이 우에키 요시하루였다.

기업재생지원기구에서 기업재생지원위원장으로 JAL에 온 변호사 세토 히데오도 같은 의견이었다.

2011년 1월 11일, 우에키 요시하루는 다시 한 번 이나모리 가즈오에게 불려 갔다.

방으로 들어가자 이나모리 가즈오와 세토 히데오가 있었다.

"자네가 사장을 맡아야겠네."

"네."

이제 우에키 요시하루에게 망설임은 없었다.

6
아메바 경영의 위력

1,155일간의 투쟁

전도사 모리타 나오유키의 아메바 인생

"장사꾼 감각을 가진 사람이 너무 부족합니다. 이래서야 채소가게 경영도 어려운 지경입니다."

JAL 회장이 된 지 한 달 반이 된 2010년 3월. 이나모리 가즈오는 기자회견에서 이렇게 한탄을 했다. 이나모리 가즈오의 부탁으로 회장 보좌후일 부사장로 JAL에 올라탄 KCCS매니지먼트컨설팅의 모리타 나오유키도 같은 생각이었다.

'이런 회사가 정말 재건에 성공할 수 있을까?'

모리타 나오유키는 이나모리 가즈오가 고안해낸 부문별

채산제도(아메바 경영)의 전도사다. 지금까지 일본을 중심으로 약 450개 회사에 아메바 경영을 심어왔다.

모리타 나오유키는 이나모리 가즈오가 졸업한 가고시마대학의 공학부에서 유기화학을 전공한 직계 후배다. 예전에 이나모리 가즈오를 가르쳤던 교수에게서 "우리 학교 졸업생이 창립한 흥미로운 회사가 있는데 그쪽에 입사해 보면 어떻겠나?"라는 권유를 받고 1967년에 교세라에 입사했다.

아직 교세라는 설립 8년째인 벤처기업이었다.

모리타 나오유키는 시가 현에 있는 공장의 생산관리부에 배치되었다. 제조현장에는 이미 아메바 경영의 원형이라고 할 수 있는 '시간당 채산'에 대한 인식이 박혀 있었다.

1968년, 교세라는 업무관리에 후지쯔의 컴퓨터를 도입하게 되었다. 그런데 생산관리 부문에는 문과계열 사원만 있었다.

"자네가 좀 맡아주게."

입사 2년 차인 모리타 나오유키에게 임무가 떨어졌다. 여기서부터 이나모리 가즈오의 무리한 요구에 응답하는 모리타 나오유키의 '아메바 인생'이 시작되었다.

　모리타 나오유키는 오사카에 있는 후지쯔 사무실을 드나들면서 컴퓨터 사용법을 배워 세 명의 팀을 구성해서 시스템을 구축하기 시작했다. 처음에는 가장 기본인 급여계산시스템을 마련했다. 하지만 이것만으로는 애써 구축한 시스템이 아깝다. 모리타 나오유키는 컴퓨터를 이용해서 수주관리를 해보려고 연구를 시작했다.

　당시 교세라가 만드는 전자부품은 거의 수주생산이었는데, 숫자를 보면 회사의 경영상태를 바로 알 수 있는 '투명경영'을 지향하는 이나모리 가즈오는 불만이 있었다. 영업부문의 수주잔고와 제조부문의 수주잔고가 맞지 않는 것이다. 영업, 납품, 제조의 각 부문이 각각 대장을 갖고 있고 그 대장이 서로 맞물려 있지 못한 상태였다.

　"좋은 방법이 없을까?"

　이나모리 가즈오에게 부탁을 받은 모리타 나오유키는 2년이 걸려 컴퓨터를 사용한 수주·생산·판매시스템을 만들어냈다. 덕분에 제소부문과 판매부문의 의사전달이 원활해지고 시간당 채산의 정밀도가 한층 높아졌다.

인간에게는 숫자를 쫓는 본능이 있다

2년 후, 이나모리 가즈오는 또 다른 주문을 했다.

"이보게 모리타 나오유키, 제조부문의 시간당 채산은 거의 정확하게 알 수 있게 되었는데, 영업부문의 시간당 채산도 그렇게 만들 수 있을까?"

모리타 나오유키는 영업부문에도 하루당 매출과 경비를 그날로 컴퓨터에 입력하는 시스템을 만들어서 영업부문에서도 아메바의 시간당 채산을 산출할 수 있게 만들었다.

그리고 얼마 후, 모리타 나오유키는 신설공장 설립을 담당하면서 아메바 경영에서 빠져나왔다. 그리고 1980년경 본사에 돌아오니 또 이나모리 가즈오의 주문이 기다리고 있었다.

"교세라 전체에 침투한 (아메바 경영의) 관리회계와 (손익계산서를 만들기 위한) 월차결산의 숫자가 맞질 않네. 어떻게 안 되겠나?"

손익계산서를 만들 때는 숫자를 사후처리 하는 경우가 상당히 많은데, 그것은 제도상 인정하는 방법이다. 하지만 이 방법을 사용하면 그날의 숫자는 그날로 처리하는 아메바 경영의 관리회계와는 다른 숫자가 되어버린다. 모리타 나오유키는 사후처리를 없애서 월차결산의 정밀도를 높였다.

이렇게까지 했지만 '투명 경영'을 하고 싶어 하는 이나모리 가즈오의 욕구는 아직 만족하지 못했다.

"이번에는 월말에 그달의 개산概算 숫자를 볼 수 있으면 좋겠네."

이나모리 가즈오가 원하는 것은 수주, 생산, 매출, 경비, 세금납부 전의 이익이다. 월말에 숫자를 마감하기 전에 그달의 개산실적을 뽑으라는 것이다.

모리타 나오유키는 이런 까다로운 요구에도 답을 찾아냈다. 이 시점에서 드디어 사업부, 과별 단위로 월차결산을 월말에 알 수 있는 아메바 경영의 기본형태가 완성되었다.

아메바 경영의 완성으로 이나모리 가즈오는 실시간으로 회사의 모든 곳을 한눈에 볼 수 있는 '천리안'을 손에 넣었지만, 그것은 이나모리 가즈오만의 것이 아니었다. 모리타 나오유키가 기본형을 완성했을 당시부터 교세라에서는 공장장과 영업소장이 자신의 부서의 월말수지를 사원에게 발표했다.

이번 달에 노력한 결과를 월말이면 볼 수 있기 때문에 현장은 활기가 있었다. 성과가 높아지면 '더 힘내자!'라고 탄력이 붙고, 떨어지면 '왜일까?'라고 고민하고 연구한다. 모리타 나오유키는 아메바 경영의 근저에 있는 사고방식을 이렇게 설명한다.

"인간은 숫자를 쫓는 본능이 있습니다. 숫자의 근거가 명확하면 누구라도 눈빛을 빛내며 숫자를 쫓기 시작하며 열정적이 됩니다. 단 관리부문만큼은 전체적인 흐름을 냉철한 눈으로 볼 필요가 있습니다. 전원이 돈벌이에만 집중하게 되면, 회사가 이상한 방향으로 흐를 때도 있습니다."

안전한 흑자화의 길

이러한 노력이 차곡차곡 쌓여 만들어진 아메바 경영은 인간이 관련된 조직이라면 업종을 불문하고 적용할 수 있다고 모리타 나오유키는 생각한다.

최근 몇 년간의 성과의 예로는 경영개선이 가장 어려운 조직 중 하나로 불리는 의료기관의 개혁을 들 수 있다. 모리타 나오유키가 근무하는 KCCS매니지먼트컨설팅은 여러 의료기관에 아메바 경영을 심어왔다.

의사와 간호사 같은 병원 스태프는 대부분이 환자 치료에만 열심이고 병원 경영에는 별로 흥미를 보이지 않는다. 자신이 일하는 병원의 수지조차 모르는 스태프가 많다. 의료에 종사하는 사람으로서 환자 치료에 전념하는 것은 당연한 일이지만, 결과적으로는 경영이 기울어진 병원이 적지 않다.

KCCS가 컨설팅을 시작하면 대부분의 병원이 '고의는 아니지만, 채산이 도외시된 경영'이라는 진단이 나오는 사례가 많다.

한 병원에서는 당뇨병만으로 6종류의 약을 취급하고 있었다. 왜 그렇게 많은 종류가 필요한지 의사와 간호사에게 물어봤지만, 그들도 6종류의 근거를 모르고 있었다. "종류를 줄이면 치료에 지장이 생깁니까?"라고 물으면, "영향은 없습니다"라고 말한다. 제약회사가 권하는 대로 별생각 없이 종류를 늘려온 것이다.

실제로 2종류로 줄였지만 아무런 문제도 발생하지 않았다. 이런 식으로 늘어난 약의 종류를 정리하니 재고가 눈에 띄게 줄어 약품 관련 비용이 많이 삭감되었다.

아메바 경영을 도입한 병원에서는 스태프를 20명에서 30명의 소집단으로 나누고 각각의 집단에서 수지를 관리한다.

자신의 팀이 적자고 옆 팀이 흑자면 "왜 우리는 적자가 나는 걸까?"라고 스태프가 함께 연구하기 시작한다. 계속 적자를 본다면 "어떻게든 방법을 찾아야 한다!"라며 초조해한다. 바른 정보를 개방해서 보여주면 재촉하지 않아도 스태프는 본능적으로 숫자를 쫓기 시작한다.

누군가가 "이렇게 해보면 어떨까?"라고 아이디어를 내고, 그것이 적자의 축소나 흑자전환의 결과를 얻게 되면 팀 전원은 달성감을 맛본다. 그것을 본 옆 팀은 방법을 재빨리 흉내 내고, 아이디어는 병원 전체에 퍼진다.

지금까지는 "우리도 바쁘니까 마구잡이로 환자를 받지 말아줘"라고 불평하던 스태프가 이제는 입원실 가동률을 신경 쓰면서 비는 병실이 생기면 "환자를 더 받아도 되는데"라는 말을 하기 시작한다. 여기까지만 오면 사실상 다 된 밥이다.

"만년 적자였던 병원이 자신들도 모르게 이익을 내기 시작합니다"라고 모리타 나오유키는 말한다.

병원과 항공사는 어떤 의미에서는 아주 비슷하다.

병원의 최우선적인 사명은 환자의 치료다. '치료'를 위해서는 비용을 아껴서는 안 되며 이익을 위해서 의료의 질을 떨어뜨리는 일이 있어서는 안 된다. 그래서 병원 경영은 방만해지기 쉽다.

항공사의 최우선적인 사명은 승객의 안전이다. '안전'을 위해서 비용을 아껴서는 안 된다. 그래서 승객의 생명을 책임지는 조종사는 융숭한 대접을 받아왔다. 안전을 위협하는 구조조정을 해서는 안 된다. 더구나 오스타카 산 사고를 일으킨 JAL에 안전은 성역이었다.

"하지만 병원과 회사가 파산해버리면 그들이 주장하는 치료와 안전은 지킬 수조차 없어집니다"라고 모리타 나오유키는 말한다.

KCCS매니지먼트컨설팅이 흑자 경영을 할 수 있게 도움을 준 의료시설에서 의료의 질이 떨어진 적은 없다. JAL에서도 아메바 경영을 사용하면 안전을 유지하면서 흑자화의 길이 열릴 것이다.

하지만 JAL 재건에 참여한 경험이 풍부한 모리타 나오유키도 애초에는 자신감이 흔들렸다.

전 직원이 경영자

JAL을 아메바 단위로 나눠서 수지를 따져보니 대부분이 적자였다. 기업재생지원기구가 세운 갱생계획대로 하자면 첫해에 600억 엔의 영업이익을 내야 한다. 하지만 '어떻게 해야 그런 이익을 낼 수 있을지' 전혀 이미지를 그릴 수 없었다.

하지만 '아메바 경영의 전도사'인 모리타 나오유키는 이나모리 가즈오의 전폭적인 신뢰를 받고 있다.

이나모리 가즈오가 내린 지시다.

모리타 나오유키는 각오했다.

'반드시 해내야 한다.'

제조업의 교세라에서 만들어진 아메바 경영을 JAL에 심어 넣는 일은 예상대로 어려운 작업이었다.

'이익보다 안전이 우선이다.'

'공공교통기관이라서 적자노선이라도 운영해야 한다.'

JAL에는 회사 구석구석까지 이런 우리는 공공기업체와 같다는 식의 공사적公社的 의식이 침투해 있었다.

"생각 자체는 훌륭하지요. 하지만 이익이 없으면 안전을 위한 투자도 할 수 없고 노선도 유지할 수 없습니다. 이익을 위해 안전을 희생시키자는 말이 아닙니다. 안전을 지키려면 이익이 필요하다는 것입니다."

모리타 나오유키는 아메바 경영을 도입하기 전 단계로 생각하고 이런 설명을 계속했다.

그러나 공사적인 가치관이 지배하는 JAL에서는 중추인 경영기획팀이 세운 예산을 각 부문에서 '그대로 써버리는' 습관이 배어 있었다. 경기가 악화되고 천재지변이 발생하는 것 같은 외부환경의 변화에도 정해진 예산을 그냥 사용한다. 변화에 대응하지 못하고 적자를 보지만, 그것은 계획을 세운 경영기획팀의 잘못도 아니며 계획대로 써버린 다른 부문의 잘못도 아닌, 아무도 책임지지 않은 상태로 손실이 부풀어버리는 구조였다.

'사내에 숫자를 관리하는 사람이 없다.'

이것이 모리타 나오유키가 JAL 재건 사업에 참여했을 당시의 JAL에 대한 첫인상이다. 마른행주에서 이익을 짜는 교세라에 비교하면 JAL은 흠뻑 젖은 행주와 같다. 당장에라도 교세라에서 실행하는 부문별 채산제도를 도입해서 이익을 짜내고 싶은 심정이었다. 하지만 모리타 나오유키는 꾹 참았다. JAL 사원의 자존심을 배려한 것이다.

사원 전원이 경영자라는 마음으로 일하는 것이 아메바 경영의 요체다. 이나모리 가즈오와 모리타 나오유키가 강행해서 하는 개혁으로는 사원이 '억지로 시켜서 하는 느낌'을 갖게 된다. 그래서는 이나모리 가즈오가 말하는 '스스로 불타오르는 자연성 집단'은 만들 수 없다.

모리타 나오유키와 이나모리 가즈오는 6개월 가까이 JAL의 간부·사원과 대화를 하고 모두가 이해하는 조직을 설계했다. 아메바 경영을 실행하기 위한 새로운 체제가 완성된 것은 2010년 12월, 이나모리 가즈오팀이 JAL의 재건에 참여한 지 10개월이 지난 후였다.

비행 한 편당 수지를 다음 날 산출한다

JAL에 맞는 새로운 체제를 만드는 과정에서 모리타 나오유키는 희한한 경험을 했다.

아메바 경영에서는 계정 항목별로 세세하게 '예실차豫實

差. 웃돌거나 밑도는 상황을 모두 포함한 예정과 실적의 괴리'를 매월 점검한다. 이나모리 가즈오는 실적이 예정을 뛰어넘어도 그 이유를 설명하지 못하면 벼락을 지른다. 마구잡이로 이익을 늘리는 것이 아니라, 현장에서 일어나는 일을 정밀하게 파악하고 처리하는 것이 부문별 채산제도의 목표이기 때문이다. 그렇게 하려면 아주 세세한 부분까지 파고들어 처리한 수치가 필요하다.

그래서 모리타 나오유키가 "이런 수치가 필요합니다"라고 요구하면 JAL의 현장은 그 자리에서 바로 그 수치를 보여준다. 숫자에 관심이 없는 것은 분명한데, 숫자는 제대로 갖고 있었다.

"JAL의 사원은 우수합니다. 대충 주먹구구식으로 운영한 것은 아닙니다. 필요한 숫자는 처음부터 대부분 사내에 있었습니다. 그러나 경영진에서 그것을 사용하려는 의식이 희박했던 것이지요. 정보가 현장에 묻혀 있었습니다."

필요한 숫자를 파헤쳐 낸 모리타 나오유키는 그것을 기본으로 삼아 JAL에 가장 잘 맞는 부문별 채산제도를 만들어냈다.

모리타 나오유키는 이나모리 가즈오에게 말했다.

"JAL에 아메바 경영을 도입하려면 이익을 책임지는 부서가 따로 필요합니다."

"알겠네."

JAL의 각 사업부에서 '수입'이 있는 곳은 항공티켓을 파는 여객판매총괄본부뿐이다. 조종사가 소속된 운항본부와 객실본부, 정비본부 등은 일명 코스트 센터Cost Center로 비용만 발생하며 수익은 집계되지 않는 부문이다. 수입이 없으면 수지는 발생하지 않는다. 이래서는 아메바 경영의 부문별 채산제도는 도입할 수 없다.

그래서 모리타 나오유키는 노선을 국내와 국제로 나누고, 근접노선끼리 묶은 단위로 이익책임을 부담하는 노선총괄본부의 신설을 제안했다. 목표는 '나리타-뉴욕', '하네다-삿포로'와 같은 비행기 1편당의 '수지'를 다음 날이면 알 수 있는 체계를 만드는 것이다. 모리타 나오유키는 이렇게 회상했다.

"'비행기 1편당의 수지를 다음 날이면 뽑을 수 있는 체계를 만들려고 합니다'라고 노선총괄본부의 목표를 설명하니까 한 사원이 '그건 이미 하고 있습니다'라고 말하는 겁니다. '설마!'라고 생각했는데, 날짜별 탑승률이 정리된 표를 가지고 왔습니다. 그건 수지가 아니라 수입이었지요."

항공사는 계속 파고 들어가 보면, 수만 명의 협력으로 비행기를 날게 하는 하나의 거대한 서플라이체인Supply Chain, 상품의 연쇄적인 생산 및 공급 과정을 형성해서 운영하는 구조였다. 한 장의 티켓에는 조종사, 객실승무원, 정비사의 인건비부터, 항공기 임대요금, 연료비, 거기에 공항의 전기요금과 수도요금에 이르기까지 다양한 비용이 들어 있다. 이것을 인수분해하는 작업은 아주 어려웠다.

노선별로 '수지'를 정확하게 뽑으려면 사내의 누구라도 공정하다고 인정하는 조종사 인건비, 객실승무원 인건비, 공항비용을 산출해낼 필요가 있다. 이런 비용을 '협력대가協力代價'라고 한다. 협력대가는 노선부문 등의 프로핏 센터 Profit Center, 이익의 책임단위에서 보면 '비용'이고, 조종사 부문과 같은 코스트 센터에서 보면 '수입'이다.

이 '협력대가'를 넣고 빼서 조절하면 모든 부문에 '수지'가 발생한다. 이것이 아메바 경영의 기본형이다. 이 부분의 조절에 실패하면 부문 사이의 불공평이 발생해서 아메바 경영은 제대로 기능을 하지 못한다.

그래서 이나모리 가즈오와 모리타 나오유키는 협력대가를 공평하게 나누기 위해 JAL의 임원과 간부들과의 협의에 반년 가까운 시간을 들였다. 그것은 이나모리 가즈오와 모리타 나오유키가 항공사의 구조를 이해해가는 과정이기도 했다.

기름때 묻은 장갑을 빨아서 쓰다

공평을 기하려고 상당한 시간을 들여 노력했지만, 그래도 도입 후 1년 동안은 여러 문제가 발생했다. 협력대가를 공평하게 나누려고 계획했지만, 열심히 노력해도 흑자를 보지 못하는 아메바가 생기기도 하고 아무것도 하지 않아도 돈을 버는 아메바도 있었다. 적절한 조절은 쉽지 않았다.

하지만 시행착오를 반복하는 동안 불공평한 부분은 대부분 해결되었다. 드디어 JAL 판 부문별 채산제도가 궤도에 올랐다. 각 부문의 채산은 눈에 띄게 좋아지기 시작했다.

JAL에 아메바 경영이 정착하기 시작했을 무렵, 현 회장인 오니시 마사루는 아메바 경영이 지닌 '또 하나의 위력'

을 알아챘다.

관리회계로 비용을 줄이는 것이 아메바 경영의 제일 처음 효능이지만 일반적인 구조조정으로 비용을 삭감하면 사원의 사기가 떨어진다. 사람을 줄이고 경비를 삭감하는 상황에서는 어쩌면 당연한 결과였다. 하지만 아메바 경영은 경비를 줄이는데도 사원의 사기는 올라간다. 도대체 무슨 이유일까?

오니시 마사루는 회장이 된 지금도 가끔 마라톤에 도전하는 스포츠맨이다. 그는 자신이 좋아하는 스포츠에 비교하면서 이렇게 설명한다.

"축구도 럭비도 모두 시합이 끝나고 두 달이나 지난 후에는 '실은 자네가 이긴 시합이야'라는 말을 듣더라도 투지가 조금도 생기지 않습니다. 시합 중에 점수 차이도 남은 시간도 모르는 상태에서 힘내라는 소리만 든는다면 힘이 날까요? 더구나 필드에 나온 선수는 3만 명이나 됩니다. 만일 시합에 이겼더라도 '내가 열심히 해서 이겼다'는 생각을 하지 못합니다. 이것이 파산 전의 JAL의 모습이었지요."

"아메바 경영은 3만 명을 10명씩 팀으로 나눠서 월말에는 그 팀의 승패를 확실히 알 수 있는 구조입니다. 그러면 '해냈다!', 혹은 '아깝다!'라며 사원이 기뻐하거나 안타까워하게 됩니다. 예전에 JAL은 울지도 웃지도 않는 조직이었지만 아메바 경영으로 이제는 '활력 있는 회사'가 됐습니다."

 조종사가 종이컵을 사용하지 않고 자기 전용 컵을 가지고 다닌다. 정비사는 지금까지 버려온 기름때가 묻은 장갑을 빨아서 다시 사용한다. 그것은 단순한 '자린고비 작전'이 아니다. 이런 행위가 자신의 아메바의 수지개선에 도움이 됐을 때 조종사나 정비사는 '나도 JAL의 재건에 공헌했다'는 실감을 한다.

 3개월에 한 번씩 분기결산을 발표하는 날에는 객실승무원도 컴퓨터 앞에서 기다리다가 결산 숫자가 공표되면 바로 프린트를 해서 "나왔어요!"라고 부서에 용지를 돌리는 광경을 볼 수 있다. 이전의 JAL에서는 분기 말 결산이 언제 발표되는지 모르는 승무원도 많았다.

 JAL 사원들은 아메바 경영의 도입으로 실적에 대한 감도가 아주 좋아졌다.

이나모리 가즈오가 말하는 '사원 전원이 경영자'라는 의식에 가까워졌다.

아메바의 이익이 늘었다고 아메바의 월급이 늘어나는 것은 아니다. 하지만 노력하면 바로 숫자로 나타나서 "이쪽 팀은 열심이네"라며 다른 아메바의 구성원이 우리의 성과를 인정해주면 그것이 동기부여가 된다.

꼭 필요한 서비스가 적자를 내는 모순

2012년 3월 결산에서 JAL의 영업이익은 2049억 엔으로 과거 최고치를 경신했다. 갱생계획을 크게 웃도는 숫자이며, 수백억 엔은 아메바 경영 도입으로 '세세한 비용절감 효과의 집적이다'라는 평을 받았다.

2011년 3월의 동일본 대지진으로 외국에서 일본에 오는 여행객이나 비즈니스맨이 줄고 국내선을 이용하는 고객도 줄었다. 모리타 나오유키는 '앞으로 갱생계획은 더 힘들어지겠다'고 생각했지만, 뚜껑을 열어보니 쓸데없는 걱정이었다. 재해가 발생한 직후부터 현장의 판단으로 비행기 편수를 줄이고 소형기로 전환, 승무원 배치를 바꾸는 등의 대응이 기동적으로 이루어져서 손실을 최소한으로 막을 수 있었다.

JAL이 재상장에 성공해서 아메바 경영에 대한 인지도는 이전보다 훨씬 높아졌다. 도요타 자동차의 'JIT'나 미국 제너럴일렉트릭의 '식스시그마'에는 아직 미치지 못하지만, 아메바 경영을 도입해보려는 대기업이 생기기 시작했다.

예를 들어 일본의 유명 화장품 제조업체인 시세이도는 해외시장에서 미국, 유럽의 경쟁사와의 경쟁에서 고전하며 실적이 부진한 상황이 계속되었다. 2013년 4월에는 전임자인 마에다 신조 회장이 사장으로 다시 복귀했다. 마에다는 '이나모리 가즈오 씨에게 경영을 배우고 싶다'고 공언하고 아메바 경영을 도입하며 의욕을 보이고 있다.

일본보다 빨리 아메바 경영이 침투할 가능성이 높은 나라는 중국이다. 중국에서는 이나모리 가즈오의 저서인 《카르마 경영》의 판매가 130만 부를 넘을 정도로 이나모리 가즈오 팬이 많다. 아메바 경영을 배우고 싶다는 경영자도 많아서 2012년 6월에는 모리타 나오유키의 KCCS매니지먼트컨설팅이 상하이에 거점을 만들었다.

모리타 나오유키는 이렇게 말한다.

"예를 들어, 수도도 마찬가지입니다. 수도는 현대 사회에 반드시 필요한 서비스입니다. 상하수도가 없으면 생활을 할 수 없기 때문이죠. 그런 사업이 적자를 내는 것은 모순입니다. 사회에 꼭 필요한 제품이나 서비스를 제공하는 조직이 흑자를 내지 못하는 것은 문제가 있다고 생각합니다. 병원도 마찬가지입니다. 하지만 공립병원에서는 '이익을 내서는 안 된다'는 풍조조차 있습니다. 아메바 경영의 사고방식을 도입하면 공공분야에서도 흑자화가 가능합니다."

'투명한 경영'을 하고 싶다는 이나모리 가즈오의 집념이 만들어낸 아메바 경영에는 우리가 아직 발견하지 못한 위력이 숨어 있을지도 모른다.

보잉 787기 문제를 극복하다

2013년 1월 7일, 미국 북동부 매사추세츠 보스턴의 공항에 착륙한 JAL 중형여객기가 자체 연료누수로 기체에 불이 붙었다. 기체는 2011년에 상용비행을 시작한 미국 보잉이 개발한 신예 787형 기종이다. 인수한 지 18일밖에 되지 않은 신제품 기종이었다.

1월 16일, 이번에는 일본에서 ANA의 787 여객기가 야마구치 현의 우베공항을 이륙한 직후에 연기를 감지하고 다카마쓰공항에 긴급 착륙했다. 국토교통성은 사고가 날 우려가 있다며 '중대 사건'이라는 판정을 내리고, JAL과 ANA가 보유하고 있는 모든 787 기종의 운항을 중지했다.

연기는 787 기종에 탑재한 배터리 주위에서 났지만, 발화의 메커니즘은 좀처럼 해명되지 않았다. 당시로서는 언제쯤 운항이 재개될지 전혀 예측하지 못하는 상황이었다.

보잉 787 기종은 연비성능이 좋고 중형기이면서도 장거리를 날 수 있어서 항공사로서는 큰 수익개선을 기대할 수 있는 꿈의 여객기다. 하지만 기술적인 새로운 시도가 많은 여객기라서 개발은 난항을 거듭했다. 출하는 계속 연기가 돼서 항공사는 몇 년이나 기다리기만 했다.

세계에서 최초로 787 기종으로 상업운항을 하는 론치 커스터머Launch Customer의 영예를 받은 것은 ANA였다. 2011년 10월 26일, 나리타-홍콩 사이를 선명한 파란색의 ANA 로

고를 칠한 날렵한 기체가 날았다. ANA는 보유한 787 기종이 17기로, 세계에서 가장 많이 보유하고 있는 항공사다.

JAL은 ANA보다 6개월 후인 2010년 4월 22일, 나리타-보스턴 사이를 787 기종으로 첫 취항을 했다. JAL이 보유한 787 기종은 전부 7기다.

ANA에 비하면 적지만, 7기가 전부 날지 못하면 나리타 출발 보스턴 도착, 하네다 출발 싱가포르 도착 등 달러를 벌어들이는 노선에 구멍이 난다. 7기의 구멍은 적지 않다.

구멍을 메우려면 퇴역이 결정된 항공기를 다시 억지로 꺼내오거나, 예비 항공기를 사용하거나, 운항시간표를 조절하지 않으면 안 된다. 운항시간표의 변경을 이용자에게 알리는 '아웃 콜'을 하기 위해 콜센터는 인원을 대폭 늘려야만 한다. 비행기가 떠야 하는 노선에 사용할 수 없는 비행기가 발생하면 수지에도 영향을 주기 때문에 재무부문도 연관된다.

787 기종의 운항중지는 재상장을 막 이뤄낸 JAL이 맞이한 최대의 시련이지만, 그 시점에서 아메바 경영과 경영철학이 정착한 JAL은 이전의 JAL과는 비교하지 못할 빠르기로 이 큰 문제를 해결하고 있었다.

스스로 정하고 스스로 말하라

787 기종 전체의 운항중지가 결정된 다음 날인 1월 17일 아침 8시 30분. JAL 본사에는 회장인 오니시 마사루, 사장인 우에키 요시하루를 필두로 거의 전원의 임원이 모여, 관련 부서의 부장급을 포함한 약 70명의 대책회의가 열렸다. 이때부터 약 한 달가량 매일 아침 계속된 긴 싸움이 시작되었다.

'우리 회사, 정말 달라졌구나.'

787 여객기 문제의 중요 담당자 중 한 명이었던 국제노선사업본부장인 요네자와 아키라는 매일 아침 모여 문제에 대처하는 경영진의 모습을 보면서 이렇게 생각했다.

이전의 JAL이라면 이런 종류의 문제는 도리상으로 책임을 져야 하는 노선사업본부에 맡겨지고 다른 부문의 임원이 매일 아침 회사로 비상회의를 하러 달려오는 일은 없었다. 다른 부서의 협력이 필요할 때에는 담당인 요네자와팀이 각 부서로 가서 머리를 숙여 부탁했었다.

그러나 이번에는 요네자와팀이 부탁을 하기도 전에 모든 부문의 담당 임원이 모였다.

"회사에 중대한 문제가 터졌다. 우리가 뭔가 할 일은 없는가?"

전원이 '주인'이자 '담당자'였다.

리더 교육에서 이나모리 가즈오는 임원들에게 이렇게 가르쳤다.

"문제가 생기면 부하직원에게 맡기지 말고 자신이 움직여야 합니다. 스스로 결정해서 스스로 말해야 합니다. 부하직원은 그런 모습을 보며 성장합니다. 그것이 리더입니다."

재상장 후 첫 번째 시련인 787 여객기 문제에 직면한 오니시 마사루, 우에키 요시하루를 포함한 JAL 경영진의 모습은 이나모리 가즈오가 말하는 '리더' 그 자체였다.

"가장 많이 변한 것이 이 부분이라고 생각합니다."

요네자와 아키라는 이렇게 말하며 자신의 가슴을 가리켰다.

다른 사람이 어려움에 부닥치면 도와준다. 리더 교육에서 이나모리 가즈오가 JAL 임원들을 향해 반복해서 말했던 '이타의 마음'이 임원들 가슴속에서 싹이 텄다.

운항시간표와 그에 따른 승무원 배치 계획은 복잡하고 정밀하게 세운다. 787 기종에는 전속 조종사가 150명 있다. 그들은 다른 기종은 조종할 수 없어서 비행을 하고 싶어도 할 수가 없다. 사실상의 실업상태나 다름없다. 787 기종의 구멍을 메꾸기 위해 다른 기종으로 대체한 경우는 그 기종을 조종할 수 있는 조종사에게 추가 비행을 부탁해야만 한다.

이전의 JAL이라면 787 기종의 구멍을 메우려고 더 많이 비행해야만 하는 조종사들은 "과다 노동이다"라며 자신의 권리를 주장했을지도 모른다. 하지만 이번에는 달랐다.

"저는 좀 더 비행할 수 있습니다."

스스로 구멍을 메우려고 나서는 조종사가 몇 명이나 있었다.

비행을 하고 싶어도 할 수 없게 된 787 기종 전속 조종사들은 영업사원과 동행해서 이용자에게 사정을 설명하러 다니거나 정비공장에 견학을 온 초등학생의 안내 역할을 자청하고 나서기도 했다. 제복을 입은 진짜 조종사가 등장하자 아이들은 아주 좋아했다.

2월 4일, 우에키 요시하루는 결산발표를 위한 기자회견을 했다. 기자의 관심은 당연하게 787 여객기 문제로 집중되었다. 이제 병치레를 끝낸 JAL에 787 여객기 문제는 어느 정도 악영향을 미칠 것인가. 그러나 이 시점은 운항정지를 시작한 지 아직 2주가 채 지나지 않았다. 지금까지의 JAL이라면 아마 분명히 "운항정지에 대한 영향은 아직 조사 중입니다"라는 답변이 나올 것이다. 하지만 우에키 요시하루의 답변은 달랐다.

"787 기종의 운항정지 영향에 대해 발표를 하겠습니다. 1월 후반부터 3월 말까지의 예상매출이 약 11억 엔 줄었습니다. 4억 엔의 비용절감이 있으므로 1분기의 영업이익에서 787 기종 문제가 원인으로 예상매출이 7억 엔 정도 낮아졌습니다."

'조사 중'이라는 발표를 예상했던 기자들은 눈이 동그래졌다. 며칠 전 787 기종 운항정지 영향을 발표한 ANA는 "1월의 결항으로 매출에 끼친 영향은 17억 엔을 예상하고 있습니다"라는 정도만 이야기하고 수지까지는 발표하지 못했다.

"이전의 JAL 체계라면 우리도 수지 예측까지는 할 수 없었지요."

JAL 간부는 이렇게 털어놓았다. 여기서도 아메바가 위력을 발휘했다.

이벤트 리스크에 대한 반사신경이 빨라졌다

3월 말까지의 정밀한 지수를 예측할 수 있었던 것은 조직 전체가 반사신경을 갈고닦았기 때문이다.

"한 노선이 결항했을 때 발생하는 비용은 어떤 부문이 부담하는가?"

"목적지를 바꾸는 등의 변칙 비행 시에는 어떻게 조절하는가?"

JAL의 현장에 배포된 아주 두꺼운 책자 '아메바 핸드북'에는 변칙적인 사태에 대처하는 방법이 아주 세세하게 정리되어 있다.

원래 제조업용으로 만들어진 '아메바 경영'을 항공 비즈니스에 적용하는 작업은 쉬운 일이 아니었다. 비용의 적정한 할당을 파악하기 어려워서 첫 1년 동안은 현장이 심한 혼란을 겪었다.

하지만 아메바 경영에 정진해온 KCCS매니지먼트컨설팅의 회장인 모리타 나오유키와 재건의 프로인 요네야마 마코토는 시행착오를 반복해가면서 단기간 동안 항공 비즈니스의 구조를 파악하고 그곳에 맞는 아메바 경영을 심어 넣었다.

예전에는 2개월이나 걸렸던 국제선의 편당 수지를 지금은 나흘이면 알 수 있다.

"이익이 줄고 있어요. 원인을 찾아야 해요."

상황 변화를 거의 실시간으로 파악할 수 있어서 비행기 편수를 줄이거나 다른 편과 합하거나, 국내선이라면 사용하는 비행기를 소형기로 바꾸는 등의 대처를 즉시 할 수 있다.

"아메바 경영을 도입하기 전에는 이용률이 떨어지기 시작했을 때부터 비행기 편수를 줄이기까지 한 달은 걸렸습니다. 지금은 일주일이면 대응합니다"라고 요네자와 아키라는 말한다.

편수를 줄이는 것뿐만 아니다. 예를 들어 국제노선을 담당하는 요네자와 아키라는 "샌프란시스코공항 라운지의 수도요금부터 오스트레일리아의 국영항공사인 콴타스항공에서 빌리고 있는 라운지의 인건비까지 전부 머릿속에 들어 있습니다"라고 말한다. 세세한 데이터가 쌓여 정확한 예측을 만들고 문제에 대한 바른 대처법을 만들어낸다.

아메바 경영의 특징은 사업에 관한 모든 비용을 '투명'하게 하는 것이다. 모든 비용이 투명해지면 다른 부서가 어느 정도 줄이고 있는지도 알 수 있어서 자신이 속한 아메바가 상대적으로 어느 정도 노력하고 있는지도 바로 알 수 있다. 노력하면 바로 숫자에 나타나서, 칭찬과 부러움을 한 몸에 받는다.

"마일리지와 같다는 생각이 들어요. 점점 쌓이면 기쁘고 모으는 것이 즐거워집니다. 사원 전원이 숫자에 대한 감도가 아주 좋아졌습니다."

요네자와 아키라는 웃으며 말했다.

수치가 나빠지면 전원이 큰일이라고 느끼며, 그 감각은 경영진까지 바로 올라간다. 그 결과 항공사의 천적인 이벤트 리스크_{돌발적인 사건, 사고에 따른 수요 격감}에 대한 반사신경이 이전과 비교하지 못할 정도의 수준까지 올라갔다.

가격결정이 경영

유사시 아메바 경영의 강점을 알 수 있는 사례가 또 하나 있다.

2010년 9월에 일어난 오키나와의 센카쿠 제도에서 중국 어선 충돌사건 후 중국에서는 반일 데모가 빈발하고 일본과 중국 간의 여행객이 급격히 줄었다. JAL은 2011년 줄어든 여행객 수를 다시 회복하기 위해서 '회향 특가'라는 캠페인을 벌였다.

회향은 중국식 한자로 고향으로 돌아간다는 의미이다. 일본에 사는 중국인이 중국으로 돌아갈 때의 운항요금을 할인해주는 서비스다. 이 회향 특가는 중국의 항공사에서 이용자를 빼앗아 오는 히트 상품이 되었다.

아메바 경영 도입 전의 JAL이라면, 이러한 신상품을 도입한 후, 일정 기간 캠페인을 종료하고 매출 상태를 검토해서 '좀 더 가능하겠다'고 판단한 후에 캠페인을 다시 시작했을 것이다.

이번에는 아메바 경영으로 반사신경을 갈고닦았기 때문에, 캠페인 기간에 이용자가 늘어난 것을 손에 잡히듯이 알 수 있었다. 요네자와 아키라는 1회째의 캠페인 도중에 '기간 연장'을 결정했다.

1회째의 캠페인과 2회째의 캠페인 사이에 골이 없어진 것으로 기회손실이 없어졌다. 그리고 이용자에게 캠페인 재개를 알리기 위한 비용도 필요 없어졌다.

이나모리 가즈오가 주창하는 실학의 기본에 '가격결정이 경영'이라는 사고방식이 있다. 영업사원은 매출을 늘리고 싶다는 욕심에 적자 수주를 할 때도 있다. 그러면 매출이 늘어도 이익은 생기지 않는다. 가격결정은 현장에만 맡겨두지 말고 모든 요소를 파악해서 경영자가 최종판단을 내려야만 한다는 것이 이나모리 가즈오의 주장이다. 아메바 경영을 도입한 JAL은 '가격결정'의 중요성에 눈을 떴다.

7
단 네 명의 진주군

1,155일간의 투쟁

소속사원이 한 명도 없는 유령부서

'이거 참, 심각한 곳에 와버렸네.'

2010년 봄, 교세라커뮤니케이션시스템KCCS에서 JAL의 상무 집행임원으로 옮겨온 요네야마 마코토는 JAL의 조직도를 보고 깊은 한숨을 쉬었다.

1980년 교세라에 입사한 요네야마 마코투는 입사 3년차에 카메라의 명문인 야시카의 합병에 관련된 업무를 처리했고, 1998년에 회사갱생법을 신정한 미타공업의 재건에도 참여한 '재건의 프로'다.

"JAL에 아메바 경영을 심어주게."

'아메바 경영의 전도사'로 불리는 KCCS매니지먼트컨설팅 회장 모리타 나오유키는 이나모리 가즈오에게 부탁을 받은 그 자리에서 함께할 인재로 요네야마 마코토를 추천했다.

"저 혼자서는 처리하기 힘들 것 같습니다. 재건 실무에 강한 요네야마 마코토 군이 함께해준다면 든든할 것 같습니다."

"자네가 원하면 그렇게 하게."

이렇게 요네야마 마코토는 JAL 재생에 참여한 '이나모리 가즈오팀'의 일원이 되었다.

요네야마 마코토는 이나모리 가즈오가 고안해낸 '아메바 경영'을 적용해서 많은 기업을 다시 살려왔다. 다양한 기업을 접해왔지만, JAL은 그중에서도 상태가 가장 심각했다.

JAL로 와서 새로운 임무를 시작한 요네야마 마코토가 가장 먼저 손을 댄 것은 조직도다. 조직도에는 약 1,500개의 조직이 등록되어 있었다. 하지만 조사해보니 소속된 사원이 한 명도 없는 '유령부서'가 꽤 있었다. 사람이 없는 부서인데, 어째서인지 비용이 발생하고 있었다. 정말 이해할 수 없는 상황이었다.

"관리가 허술한 회사에는 유령부서가 있습니다. 그런데 JAL은 그 수가 극단적으로 많았지요"라고 요네야마 마코토는 회상했다.

'도대체 직원이 진짜 배치된 살아 있는 조직이 몇 개인 거야?'

요네야마 마코토가 정밀하게 조사해본 결과, 실제로 사람이 있는 '살아 있는 조직'은 600개. 남은 900개는 유령부서였다. 예전에 사람이 배치되었던 적이 있는 유령부서에는 컴퓨터가 그대로 남아 있다. 그래서 JAL은 사원 수보다 컴퓨터 수가 더 많았다.

JAL 같은 대기업은 대체로 조직과 인사관리를 위해 전사적 자원관리시스템ERP이라 불리는 컴퓨터시스템을 사용한다. 그곳에는 조직의 설립과 폐쇄기간을 입력하는 부분이 있다.

요네야마 마코토가 JAL의 ERP를 살펴보니 유령부서는 대부분 폐쇄시기가 '9999년 12월 31일'로 되어 있었다. 컴퓨터가 받아들이는 최장기간이다.

"한 번 만든 조직은 앞으로 영원히 없애지 않겠다는 사고방식이지요."

관료보다 더 관료적이라는 비난을 듣던 JAL의 체질이 이런 곳에서도 드러났다.

성장하는 기업은 이전 사업이나 부서를 없애고 새로운 사업이나 부서를 세우는 '스크랩 앤드 빌드Scrap and Build, 공장설비나 조직 등에서 낡은 것을 정리하고 새로운 것을 만드는 경영법이나 정책'의 원칙에 따라 신진대사를 원활하게 해주고 환경변화에 적응해간다. 하지만 자존심이 강한 엘리트가 모인 대기업이나 관청에서는 누구도 실패를 인정하지 않기 때문에 '빌드 앤드 빌드'가 되어 조직이 점점 비대해진다. JAL은 그 전형이었다.

이나모리 가즈오의 가장 가까운 측근

'이 회사를 단 세 명으로 다시 일으켜 세울 수 있을까?'

1998년 교세라가 기업재생에 관여해 지원을 했던 미타공업의 기업규모는 JAL의 10분의 1이었다. 그럼에도 당시 교세라에서 미타공업으로 옮겨간 재건팀은 요네야마 마코토를 포함한 열 명이었다.

이번에는 JAL 재생을 받아들인 것이 교세라가 아닌 이나모리 가즈오 개인이라는 사정도 있어서, 이나모리 가즈오는 '교세라와 KDDI에 폐를 끼치지 않겠다'고 결심했다.

그래서 이나모리 가즈오가 JAL에 함께 데리고 간 인원은 모리타 나오유키, 오타 요시히토, 요네야마 마코토. 이렇게 단 세 명이었다.

미타공업 10배 규모의 JAL을 단 네 명이 다시 세워야 한다. 기업재생이 얼마나 힘든 작업인지 경험을 통해 알고 있는 요네야마 마코토는 암담하기만 했다.

"이거 참, 참담하네요."

JAL 부장이 된 모리타 나오유키도 처음에는 이나모리 가즈오에게 이렇게 말했다. JAL이라는 거대한 조직 중에서 누가 이익 책임을 지고 있는지 알 수가 없었다. 자재조달도 다 제각각으로 누가 무엇을 얼마에 사고 있는지조차 알 수 없었다.

모리타 나오유키와 요네야마 마코토가 '아메바 경영의 전도사'라면, 오타 요시히토는 '경영철학의 선교사'다.

"오타 요시히토 군은 내 비서관이지 않은가."

이나모리 가즈오는 오타 요시히토를 자신의 분신처럼 생각한다.

이나모리 가즈오는 1991년 제3차 임시행정개혁추진심의회에 속한 '세계 속의 일본부회'의 회장에 취임했다. 그때 행정개혁 담당비서로 기용한 사람이 오타 요시히토였다. 이후 20년 이상, 오타 요시히토는 이나모리 가즈오와 함께였다. 이나모리 가즈오의 사고방식에 누구보다 정통한 측근 중의 측근이라 말할 수 있다.

리쓰메이칸대학을 졸업한 오타 요시히토는 막연하게 외국에서 일하고 싶다고 생각했다.

'상사에 들어갈까, 플랜트 제조업체로 갈까?'

여러 가지로 고민했지만, 마지막에 선택한 것은 수출비율이 높아 외국에서 업무를 할 수 있을 것 같은 교세라였다. 1978년의 일이다.

고향이 가고시마인 오타 요시히토는 이나모리 가즈오와 같은 마을에서 자라서 초등학교도 같았다. 훌륭한 회사를 일으킨 고향 선배를 따르자는 결단이기도 했다. 입사하자 오타 요시히토는 자신이 희망하던 해외영업팀에 배치되었다.

1998년에는 미국의 조지워싱턴대학에 회사 지원으로 유학을 갔다. 교세라가 사원을 외국으로 유학 보낸 것은 오타 요시히토가 두 번째였다. 미·일 경제마찰이 심해지고 부시 정권의 미국통상대표부USTR의 수장인 칼라 힐스가 '슈퍼 301조' 법안을 내세워 일본을 공격하던 시절이다.

오타 요시히토는 조지워싱턴대학에서 MBA를 취득하고 수석으로 졸업했다. 귀국해서 경영기획실에 배치되었다. 교세라의 중앙에는 현장에서 올라온 인재가 많다. 오타 요시히토도 두뇌를 높이 인정받아 일찍부터 경영의 참모 역할을 하며 활약을 했다.

이나모리 가즈오가 '세계 속의 일본부회'의 회장 자리에 있을 때, 행정개혁 담당비서로 오타 요시히토를 지명한 것은 이런 배경이 있기 때문이다. 하지만 교세라에서 으뜸가는 두뇌파로 인정받아 회장 비서로 활약하는 오타 요시히토도 이나모리 가즈오 옆에 있다 보면 이나모리 가즈오의 머리 회전의 속도에 혀를 내두른다. 더구나 이나모리 가즈오는 늘 연구하고 공부한다.

'정말 굉장한 노력가다. 어떻게 해야 이런 분에게 도움이 될 수 있을까?'

조금이라도 이나모리 가즈오에게 도움이 되고 싶어서 오타 요시히토는 필사적으로 행정에 관한 공부를 했다. 오타 요시히토의 지식이 이나모리 가즈오를 따라잡을 정도가 되자, 이나모리 가즈오는 기다리기라도 한 듯이 이렇게 말했다.

"오타 요시히토 군, 자네도 위원회에서 발언을 많이 하는 게 어떤가? 우리 둘이서 일본을 바꿔보세."

이나모리 가즈오는 정재계의 거물들이 모인 '세계 속의 일본부회'에서 일개 비서인 오타 요시히토에게도 발언할 기회를 자주 주었다. 일단 '동지'라고 인정하면 나이와 지위와 관계없이 대등하게 대하는 것이 이나모리 가즈오 스타일이다.

그때부터 20년 가까운 세월이 흘러 80세를 목전에 둔 이나모리 가즈오는 새로운, 그리고 최후의 도전을 결심했다. JAL 재건이다.

'이번만큼은 진짜 어려운 사업이다. 이나모리 가즈오 회장님은 JAL에 누구를 데리고 갈까?'

이렇게 생각하던 오타 요시히토에게 이나모리 가즈오는

이렇게 말했다.

"KDDI에서 만들었던 전설을 이번에는 자네와 만들고 싶네."

통신의 거인 NTT에 맨손 공격으로 맞서 경쟁의 축이 되는 KDDI를 제로부터 만든 이나모리 가즈오는 JAL에서 다시 한 번 기적을 일으킬 계획이었다. 그러려면 JAL에서 자신의 분신처럼 일해줄 오타 요시히토가 필요했다.

이제 막 대학생이 된 오타 요시히토의 딸은 신문과 잡지를 통해 JAL의 어려운 상황을 알고 있었다.

"2차 파산할지도 모른다고 하던데요."

이렇게 말하면서 아버지의 JAL행을 반대했다. 오타 요시히토 자신도 승산 있는 싸움이라고 생각하지 않았다. 하지만 이나모리 가즈오가 "함께해주게"라고 말해준 것이 무엇보다도 기뻤다.

'아메바'와 '경영철학'은 비행기의 양 날개

JAL에 '경영철학'을 심는 것이 오타 요시히토의 사명이다. 모리타 나오유키와 요네야마 마코토가 심는 '아메바 경영'과 오타 요시히토의 '경영철학'은 비행기의 양 날개다. 이나모리 가즈오는 조직구조만 도입하고 인간의 마음이 따라가지 않으면 회사는 좋아지지 않는다고 생각했다.

아메바 경영은 '조직구조'이지만 경영철학은 문자 그대로 '사고방식', 즉 마음의 문제다. 물가까지는 강제로 데리고 갈 수 있지만, 당사자들이 물을 마시고 싶지 않다면 마시게 할 수는 없다. 그래서 JAL의 전무 집행임원이 된 오타 요시히토가 가장 공을 들인 것은 JAL 임원과 사원들의 자존심에 상처를 주지 않는 것이었다.

"주역은 어디까지나 JAL의 사원들입니다. 스스로 변화하려고 노력하는 JAL 사원을 돕는 것이 저의 일이지요. 이 점을 항상 염두에 두고 일했습니다."

교세라의 교육사업본부에서 오타 요시히토를 도우러 온 경영철학 교육추진부 스태프인 하라다 쇼지는 이렇게 회상했다.

교세라 방식을 억지로 적용하면 자존심 강한 JAL 사원들은 당연히 반발한다. 무엇이 잘못돼서 파산했는지. 어떻게 하면 다시 회복할 수 있을지. 오타 요시히토는 리더 연수와 뒤풀이를 통해 스스로 생각할 수 있는 환경을 만드는 일에 전념했다.

이 과정에서 이런 말이 생겼다.

'한 사람 한 사람이 JAL.'

티켓을 판매하는 사람, 기체를 정비하는 사람, 기내식을 운반하는 사람, 객실승무원, 조종사. 전원이 자신이 맡은 일을 완수해서 다음으로 이어받을 동료에게 '최고의 배턴 터치'를 했을 때, 비로소 고객에게 최고의 서비스를 실현할 수 있다. 승객을 직접 접하는 사원도 그렇지 않은 사원도 '한 사람 한 사람이 JAL'의 대표다.

JAL 사원이 만든 소책자인 'JAL 경영철학'의 한 구절이다. 드러나지 않는 곳에서 사원을 돕기만 하고 JAL 사원의 성장을 지켜보던 오타 요시히토는 "JAL의 경영철학은 교세라의 경영철학을 단순히 재탕한 것이 아닙니다. 의식개혁 멤버의 헌신적인 노력과 임원들의 진심에서 우러나온 협력이 있었기에 의식개혁이 지속적인 성공을 만들어가고 있는 겁니다. 모두에게 진심으로 감사하고 있습니다"라고 흐뭇한 표정으로 말했다.

모리타 나오유키와 오타 요시히토 그리고 요네야마 마코토. 단 세 명뿐이지만, 아메바 경영과 경영철학을 누구보다 깊게 이해하고 있는 세 명이다. 경험이 풍부한 그들이 아메바 경영과 경영철학의 정수를 쏟아부어 줘서 JAL은 불과 3년이라는 짧은 기간에 만년 적자회사에서 흑자회사로 탈바꿈했다.

그 변모한 모습에 대해 요네야마 마코토는 이렇게 설명했다.

"아이에게 돈은 소중하니까 꼭 필요한 것에만 사용하라고 가르치면 참고서도 옷도, 그리고 불필요한 것까지도 '필요하다'며 사달라고 고집을 부립니다. JAL의 경우는 '안전'을 위해서라고 말하면 얼마든지 사용할 수 있는 상황이었습니다."

"하지만 처음부터 5,000엔을 주면서 '소중하게 사용해라'라고 말하면 정말로 필요한 것만 사고 남은 돈은 저금했다가 자신이 갖고 싶은 것이 생기면 그때 삽니다. 단지 5,000엔이지만 경영자 감각을 갖게 되지요. JAL 직원들은 부문별 채산을 이해한 후부터는 비용이 확연히 낮아졌습니다."

JAL에 침투한 우수한 경영과학

2010년 봄, 요네야마 마코토는 출장에서 돌아오는 비행기 안에서 대학에 합격한 딸에게 줄 축하선물로 펜던트를 살 생각이었다. 기내판매가 시작되자 객실승무원을 불러 세웠다.

"선물용으로 펜던트를 사려고 하는데요."

요네야마 마코토가 말하자 객실승무원은 미소를 띠며 물었다.

"선물 받는 분이 어느 정도의 연령대이신가요?"

"이번에 대학생이 되는 딸입니다."

"어머, 따님의 입학을 축하합니다. 10대에서 20대의 여성분은 이쪽 디자인이 인기가 있습니다."

요네야마 마코토는 객실승무원이 추천해준 펜던트로 고르고 물건을 받으면서 생각했다.

'많이 바뀌었네.'

파산 전 기내판매에서 객실승무원이 이렇게까지 친절하게 대응한 적은 거의 없었다. 미소로 대응하긴 하지만 "어느 펜던트로 하시겠습니까?"라고 묻는 정도였다.

이나모리 가즈오는 예전에 객실승무원을 담당하는 임원에게 일부러 싫은 소리를 한 적이 있다.

"미국이나 유럽을 가는 국제선이라면 고객을 10시간이나 가게 안에 가둬두는 것과 마찬가지네. 그런데도 가게의 매출이 전혀 오르지 않는 것은 서비스에 문제가 있어서라고 생각하지는 않는가?"

아메바 경영을 도입하기 전에는 기내판매 매출이 티켓을 판매하는 영업팀의 실적으로 계상되었다. 객실승무원이 아무리 열심히 팔아도 자신들의 실적에는 영향을 주지 않았다. 기내 서비스 중 하나라서 승객에게는 정중하게 대응하지만, 어느 정도 팔리는지에 대해서는 관심이 없었다.

아메바 경영이 도입되면서 기내판매의 매출은 객실부문의 수입으로 계산되었다. 팔리면 팔릴수록 자신들의 아메바 성적이 좋아진다. 앞선 비행에서 20만 엔이었던 기내판매 매출이 매출 방법을 연구했더니 다음 비행에서는 30만 엔이 되고 성취감을 느낀다. 10만 엔으로 줄면 심각하게 원인을 연구한다. 조금이라도 승객을 기쁘게 하려고 한 사람 한 사람이 지혜를 짜내고 있다.

요네야마 마코토는 펜던트 판매 한 건으로 아메바 경영

과 경영철학이 JAL 사내에 완전히 침투했다는 것을 실감했다.

아메바 경영과 경영철학의 조합은 우수한 경영과학이다. 하지만 이 두 가지가 이렇게 빨리 JAL에 침투할 수 있었던 것은 그곳에 이나모리 가즈오가 있었기 때문이라고 생각한다. 이나모리 가즈오 자신은 이렇게 회상했다.

"다른 사람들은 만년에 경력을 더럽히게 될 거라고 했지요. 하지만 나 같은 노인이 무급으로 오징어를 씹어가면서 필사적으로 일하는 모습을 보면서 파산이라는 삼엄한 경험을 한 JAL 사원들이 뭔가를 느꼈다고 생각합니다."

"그래서 단기간에 JAL이라는 거대한 조직에 아메바 경영과 경영철학이 침투할 수 있었지요. 여러 우연이 쌓여 모든 무대장치를 갖추게 된 것입니다. 하늘이 도왔다는 생각이 듭니다."

8
끈기 있는 바보가 더 낫다

1,155일간의 투쟁

조직은 반드시 비대해지고, 인간은 관료화한다

"아니, 이 친구도 저 친구도 모두 이류 대학 출신이잖은가?"

이날 이나모리 가즈오는 상당히 기분이 좋았다.

2013년 1월 하순, 이나모리 가즈오는 자신이 창립한 교세라에 새롭게 집행임원과 대표이사가 된 십여 명을 교토의 요릿집으로 불러 축하연을 베풀었다.

임원이긴 하지만 교세라가 상상기업이 된 후에 입사했기 때문에 이나모리 가즈오와는 부모·자식 정도의 나이 차이가 난다. 신임 임원들은 지금까지 제대로 이야기를 나뵈본 적 없는 창업자 앞에서 바짝 긴장했지만, 술이 들어가면서 말문이 트이기 시작했다.

"명예회장님은 이류밖에 없다고 하시지만 좋은 대학을 나온 눈치 빠른 사람들은 벌써 예전에 그만뒀습니다."

"맞네, 맞아. 내가 젊었을 때는 넷이 함께 한방을 쓰는 기숙사에서 지냈지. 한밤중까지 잔업을 하고는 목욕도 귀찮아서 씻지도 않고 담요를 뒤집어쓰고 자려는데, 선배가 됫병짜리 청주를 들고 찾아와서 일어나라고 깨우는 게 아닌가. 지금 생각해도 참 어떻게 견뎠나 모르겠어."

"결국엔 끈기 있는 바보들만 남았지."

이나모리 가즈오는 고생담으로 꽃을 피우는 '자식들'에게 악담을 했지만, 가늘게 뜬 눈에는 미소가 번졌다.

'교세라가 커진 뒤에는 샐러리맨만 있다고 생각했는데, 꽤 빠릿빠릿하군.'

이나모리 가즈오는 속으로 안도의 숨을 쉬었다.

하지만 내버려두면 조직은 반드시 비대해지고 인간은 관료화한다. 이나모리 가즈오는 JAL에서 그것을 질릴 정도로 보아왔다. 먼 장래에 교세라가 그렇게 되지 말라는 보장은 없다.

마음속에 막다른 골목을 만들어라

'이념이 희박해지면, 기업의 생명은 끝난다.'

'교세라의 8인조'로 불리는 창업 멤버 중 한 사람으로 10년 동안 교세라의 사장을 맡았고 현재는 고문 자리에 있는 이토 겐스케는 이나모리 가즈오와 자신이 물러난 후 기업 풍토가 바뀌는 것을 무엇보다 걱정하고 있다.

쿠라시키공업고등학교를 졸업한 후 쇼후공업에 입사한 이토 겐스케는 그곳에서 이나모리 가즈오를 만났다. 젊은 이토 겐스케는 형처럼 따르던 이나모리 가즈오의 권유에 망설임 없이 교세라의 창업 멤버가 되었다. 당시 이토 겐스케는 아직 22세로 최연소 창업 멤버였다.

"성공이나 실패 같은 것은 전혀 생각하지 않았지요. 그냥 이나모리 가즈오 명예회장님이 나에게 손을 내민 것만으로 기뻤고, 인정받고 싶어서 열심히 한 것뿐입니다."

손해 득실을 따지지 않고 일하는 이토 겐스케의 성격은 이나모리 가즈오와 아주 닮았다.

이토 겐스케는 교세라 설립 30주년을 맞은 해에 사장이 되었다. 당시 유행했던 '기업 수명 30년 설'에 따르면 교세라도 대기업 병에 걸려 쇠퇴기에 접어든 시기였다. 실제로 사내는 매너리즘과 이념의 약체화가 문제 되기 시작했다.

취임 2년째, 이토 겐스케는 실적 저하로 고민하다 이나모리 가즈오에게 상담을 청했다. 그러자 이런 대답이 돌아왔다.

"숫자는 사장인 자네의 기량 이상도 이하도 아니네."

이토 겐스케에게는 20대 전반부터 아메바의 팀장을 맡아 수지 책임을 지며 최선을 다해서 일해온 자부심이 있다.

"항상 최선을 다해온 자네라면 어떤 어려움이 닥쳐도 분명 바른 판단을 내릴 수 있을 거야."

이나모리 가즈오는 '기량'이라는 단어에 이런 의미를 담고 있었다.

사장 시절의 이토 겐스케를 누구보다 괴롭힌 것은 엔고 현상이었다. 1달러당 140엔에서 70엔대로 단숨에 올라서 수출을 중심으로 하는 제조업은 괴멸적인 타격을 입었다. 교세라도 외국에서 경쟁력이 반감이 되어버렸고, 거기에 국내의 대기업 제조업체 등 주요 고객의 부진으로 실적 악화가 예상되었다.

"마음속에 사도가시마를 만들어라."

당시 이토 겐스케는 이렇게 말하면서 교세라 간부들을 격려했다.

가마쿠라 시대의 노能, 일본의 대표적인 전통극의 대가인 제아미는 만년에 탄압을 받아 사도가시마에 유배되었다. 제아미는 절망적인 상황 속에서 자신을 마주하고 새로운 경지를 만들어냈다. 이토 겐스케는 말한다. '사도가시마'란 '더는 물러설 곳 없는 막다른 골목'이라는 의미다.

"할 수 없다며 백기를 드는 것은 용서할 수 없다."

이토 겐스케는 사원들을 고무했다.

결과적으로 이 시기에 교세라의 이익률은 올랐다. 궁지에 몰린 현장이 연구에 연구를 거듭해서 비용을 반으로 줄였기 때문이다.

감동을 주는 제품을 만들어라

이때 이토 겐스케가 만든 것이 '경영철학 수첩'이다.

'불량품은 새는 돈이라고 생각하라.'

'기계가 우는 소리를 들을 수 있어야 한다.'

'감동을 주는 제품을 만들라.'

언어 감각이 탁월한 이나모리 가즈오는 자신의 경영철학을 적확하게 표현한 표어를 여럿 남겼다. 그것을 정리한 책자는 있지만, 대부분 사원 책상에 묻혀 있다.

이토 겐스케는 그것을 작업복의 윗주머니에 들어갈 크기의 책자로 정리해서 매일 아침 돌아가면서 읽도록 했다. 단지 읽는 것만으로 그치는 것이 아니라 리더가 그 표어를 업무에 활용한 실제 체험을 이야기하도록 지시했다.

"교세라는 제품을 만드는 일밖에 모릅니다. '우물 안 개구리'일지도 모릅니다. 하지만 '하늘의 깊이'를 아는 개구리라고 생각합니다. 제품을 만드는 기술 하나를 극한까지 파고들면 진리에 닿을 수 있습니다. 저는 그렇게 생각합니다."

2013년 4월, 상담역할에서 고문으로 물러난 이토 겐스케는 교세라에 선물을 남겨놓았다.

'제품을 대하는 마음가짐.'

이토 겐스케가 5년에 걸쳐 전국의 공장을 돌면서 이나모리 가즈오의 교세라 경영철학을 현재의 제조업에 적합한 형태로 다시 만들어낸 책과 수첩, 이렇게 두 가지를 전 사원에게 나눠주었다.

"교세라가 100년이 지나도 융성해지려면 교육으로 이념을 계승시킬 수밖에 없습니다."

교세라의 2013년 3월 연결결산은 매출이 전년도에 비교해서 7.5퍼센트 증가한 1조 2800억 엔, 영업이익은 21퍼센트 감소했지만, 769억 엔의 흑자를 확보했다. 2014년 3월 결산의 예상액은 매출 1조 4000억 엔으로 과거 최고액을 경신하고 영업이익은 전년도보다 82퍼센트 증가한 1400억 엔을 예상하고 있다.

부품과 완성품의 차이는 있지만 같은 전기업계에서도 파나소닉은 2013년 3월 결산 7542억 엔, 샤프는 5453억 엔의 연결 최종적자를 계상했다. 박막형 텔레비전용 패널의 과다투자와 재고에 부담을 끌어안고 그에 대처할 만한 수익원을 찾지 못하고 있다.

그에 비해 교세라는 스마트폰과 태블릿 단말기용 부품으로 이익을 내서 박막형 텔레비전의 부진을 보충했다. 경영철학과 아메바 경영이 몸에 밴 교세라는 창업 이후 통합결산에서 한 번도 적자를 낸 적이 없다.

아직 경영철학과 아메바 경영이 정착했다고 말하기 어

려운 JAL에는 약간의 불안이 남는다. 이사직을 퇴임한 이나모리 가즈오는 이렇게 걱정했다.

"JAL의 경우는 갑자기 좋아졌기 때문에 불안한 마음이 들긴 합니다. 사원이 자만하기 시작하면 다시 옛날의 JAL로 돌아갈지도 모릅니다. 그렇다고 언제까지나 제가 있을 수는 없지요. 어느 정도에서 선을 그어야 했습니다."

그 뒤는 사장인 우에키 요시하루와 임원들에게 맡겨졌다.

우에키 요시하루의 부친은 인기 배우인 가타오카 치에조다. 다정다감한 아버지는 아니었지만, 부친이 돌아가셨을 때 우에키 요시하루는 '의지할 큰 나무를 잃고 맥이 빠져버렸다'라고 생각했다. 이나모리 가즈오가 회장직을 물러났을 때도 부친 때와 같은 상실감이 들었다고 말한다.

그렇다고 옛날의 JAL로 돌아갈 생각은 없다.

"면허개전免許皆傳, 예술과 무술의 깊은 뜻을 제자에게 모두 전수해준다는 의미 정도는 아니라도, 어설프게 가르치진 않습니다."

JAL 재생에 관여한 3년, 이나모리 가즈오는 많은 현장을 돌았다. 처음에는 흠칫거리던 사원들이었지만 지금은 이나모리 가즈오를 발견하면 달려온다.

"JAL 사원들은 미남 미녀가 많아요. 그런 사원들이 환하게 웃는 모습을 보고 있으면 피곤이 다 날아갑니다."

JAL을 아주 싫어했던 늙은 경영자는 표정이 조금은 부드러워졌다.

가족을 지키는 대표의 의무

경영철학 교육이나 아메바 경영의 도입으로 JAL이 조금씩 바뀌기 시작한 2012년의 어느 날, 세이와주쿠의 뒤풀이 자리에서 벌어진 일이다.

이나모리 가즈오와는 30년 가까이 함께해온 세이와주쿠의 고참 회원은 JAL 재생을 위해 교토와 도쿄를 왕복하며 빽빽한 스케줄에 쫓기는 이나모리 가즈오의 건강을 걱정했다.

고참 회원의 대부분은 스스로 창업을 하거나 부모로부터 회사를 이어받은 중소기업의 경영자다. 그들이 보기에는 자신들과 마찬가지로 온갖 고생을 하며 제로부터 사업을 일으킨 이나모리 가즈오가 저런 고약한 엘리트 집단을 위해서 몸이 가루가 되도록 일하는 이유를 알 수 없었다.

'우리처럼 자금 부족에 대한 고통도 겪어본 적 없이 방만한 경영을 하다 파산한 JAL 따위, 내버려두면 좋을 텐데' 이런 심정이 JAL에 대한 비판으로 나타나기도 했다.

"JAL 임원은 모두 퍼스트 클래스에 탄다고 하던데요. 이코노믹으로 바꾸면 훨씬 비용이 내려가지 않을까요?"

이나모리 가즈오의 얼굴이 순식간에 붉어졌다.

"여러분들까지 그런 이야기를 하다니……. 지금 JAL에 퍼스트 클래스를 이용하는 임원은 한 명도 없네. 넘겨짚어서 그런 말을 하면 안 되지."

좋은 아이디어라고 생각해서 제안한 고참 회원들은 파랗게 질리고 말았다.

이나모리 가즈오 자신도 주변에서 말리는 것을 듣지 않고 커다란 체구를 오그려서 이코노믹 클래스를 이용한다. 텔레비전 방송이나 책을 통해 얼굴이 알려진 이나모리 가즈오가 이코노믹에 앉아 있으면 가까이에 있는 승객은 깜짝 놀란다. 이나모리 가즈오는 모른 척하고 책을 읽는다. JAL은 변화하려고 노력하지만, 세상에 이미 박혀버린 'JAL=방만한 경영'이라는 이미지는 좀처럼 바뀌질 않았다.

파산 전인 니시마쓰 하루카가 사장이었던 시절부터 JAL 회장과 사장은 매월 25일에 도쿄 도내 거리에서 JAL 이용을 홍보했다. 회장 이하 임원들의 개인실을 없애고 넓은 사무실에서 모두와 함께 업무를 봤다. 출퇴근용 차량을 지원받던 조종사는 전철을 이용한다.

방만 경영의 오명을 벗으려고 결사적인 비용절감으로 이익을 내면 이번에는 '편파적 지원' 때문이라며 비판한다. 당시 야당이었던 자민당은 국회에서 여당인 민주당이 중심이 되어 진행한 JAL 재생을 '과잉 구제'라고 몰아붙였다. 반박도 제대로 못 한 채 기가 죽은 JAL 사원을 이나모리 가즈오는 필사적으로 지키려고 했다.

세이와주쿠 회원들의 생각처럼 이나모리 가즈오가 JAL을 위해서 그렇게까지 애쓸 이유는 없었을지도 모른다. 그러나 단 3년이지만 회사의 대표를 맡았으니, 자신에게는 3만 2,000명의 '가족'을 지킬 의무가 있다고 생각하는 것이 이나모리 가즈오의 철학이다.

계획을 실행하는 것은 사원

2010년 2월에 이나모리 가즈오가 회장이 되었을 때, JAL 사원들이 품었던 이나모리 가즈오에 대한 이미지는 종전 직후 일본에 진주한 연합국 최고사령부의 맥아더 최고사령관에 가까웠을지도 모른다. 이나모리 가즈오를 포함한 네 명의 재건팀은 파산이라는 이름의 패전을 맞이한 JAL에 올라탄 진주군이었다.

"자네들은 쓸모가 없어."

이렇게 노여움을 사도 묵묵히 따를 수밖에 없다고 생각한 사원이 적지 않았을 것이다.

하지만 이나모리 가즈오는 절대로 사원에게 화를 내지 않았다.

공항에서 조종사에게 기상변화 등의 정보를 제공하는 항무부航務部에 소속된 입사 3년 차인 가와나 유키는 JAL 재건 작업이 시작되자 '의식개혁추진준비실' 멤버로 선발되었다. 이나모리 가즈오의 '경영철학'을 JAL에 침투시켜서 사원의식을 바꾸는 것이 주된 업무였다.

가와나 유키는 리더 교육 시간에 이나모리 가즈오가

JAL 임원들에게 이야기하는 강의를 회의실 한구석에서 들으면서 이렇게 생각했다.

'굉장한 업적을 이룬 사람이 왜 저렇게 평범한 이야기를 할까?'

가와나 유키는 다 큰 어른, 그것도 대기업의 임원 정도 되는 사람들에게 '인간으로 지켜야 할 일'을 설명하는 이나모리 가즈오의 모습을 신기하게 생각하며 보고 있었다.

이나모리 가즈오는 임원들에게는 험하게 말할 때도 있었다. 하지만 가와나 유키에게는 조금도 무서운 사람이 아니었다.

이나모리 가즈오가 과밀하게 짜인 회의 일정으로 점심 먹을 시간도 없을 때, 가와나 유키는 이나모리 가즈오의 부탁으로 본사 1층에 있는 편의점으로 뛰어가 삼각김밥을 사 오기도 했다. 부탁받은 2개의 삼각김밥을 건네주면 이나모리 가즈오는 "매번 고마워요"라고 감사 인사를 해주었다.

가나와 유키같이 벼락이 떨어질지도 모른다는 생각에 긴장했던 JAL 사원에게도 이나모리 가즈오는 마찬가지로 대했다. 사원에게는 질책이나 비판은 한 번도 하지 않았다.

무엇보다 사원들이 놀랐던 것은 회장직으로 부임했을 당시의 이나모리 가즈오의 첫 발언이었다.

"경영의 목표는 사원에게 물심양면에 걸친 행복을 만들어주는 것에 있습니다. 저는 보시는 것처럼 고령입니다. 하지만 여러분의 행복추구를 위해서 최선을 다해 노력할 생각입니다."

'정말? 우리가 행복해져도 되는 건가?'

"잃어버린 신용을 다시 회복하려면 지금보다 더 열심히 해야지!"라는 질타를 당할 것으로 생각했던 사원들은 얼떨떨했다.

사원들에게 '행복해져도 된다'고 말한 이유를 이나모리 가즈오는 이렇게 설명했다.

"사원은 잘못이 없으니까요. JAL을 망하게 한 주범은 일부 경영진입니다. 많은 동료가 회사를 떠나고 월급과 연금을 삭감당했습니다. 사원들은 충분히 고통스러운 경험을 했다고 봅니다. 아무리 완벽한 갱생계획을 세워도 그것을 실행하는 것은 사원입니다. 사원들의 사기가 떨어지면 재건은 성공할 수 없어요."

만일 JAL 사원에게 다시 일어서고 싶다는 의지가 없다면, 이나모리 가즈오도 그들을 지키려고 하지 않았을 것이다. 그러나 그들은 그들 나름대로 살아남기 위한 길을 필사적으로 찾으려고 했다. 그 증거가 기업연금 문제였다.

우리 손으로 해결해야 할 일

"아! 보내줬다."

회사갱생법의 적용신청을 한 지 사흘 후인 2010년 1월 22일 밤. 덴노즈 아일에 위치한 JAL 본사의 한 사무실에서 환성이 터졌다. 니시마쓰 하루카의 특명을 받은 기업연금 개혁팀 사무실이다.

JAL은 법적정리를 피하려고 현역 50퍼센트, 퇴직자 30~40퍼센트의 지급을 감축하는 기업연금제도 개정을 제안했다. 이 제도를 실행하기 위해서는 수급자와 대기자 3분의 2 이상의 동의가 필요했다. 의향변경신청기간 마감일인 이날 오후 8시, 동의자의 제출 수는 6,742통에 달했다. 모수의 72퍼센트를 돌파했다. 아슬아슬하게 성공했다.

"회사를 구하기 위해서입니다. 제발 이해해주시기 바랍니다."

삿포로, 도쿄, 나고야, 오사카, 후쿠오카. 니시마쓰 하루카는 현역, 퇴직자의 찬성을 얻기 위해 전국을 돌며 머리를 숙였다.

"JAL 출신이라는 것만으로도 세간의 눈치를 보고 사는데 연금까지 깎아내리는 건가."

설명회장에서는 가차 없는 분노와 질책이 터졌다.

니시마쓰 하루카는 설명회장에 텔레비전 방송 카메라를 들어오게 해서 모두의 비난을 한 몸에 받는 장면을 뉴스에 방송하도록 했다. 전국의 연금수급자와 대기자에게 JAL이 궁지에 몰린 상황을 어필하기 위해서다.

12월 15일, 약 5,700통. 1월 12일 5,991통. 니시마쓰 하루카의 간절한 염원에도 불구하고 동의서의 숫자는 늘지 않았다.

"법적정리를 피하기 위해서는 제도개혁을 인정받아야만 합니다."

실은 이때 이미 법적정리는 확정되어 있었다. 그래도 기업연금제도의 개혁은 필요했다.

"갱생을 위해 투입된 공적자금이 JAL 사원과 퇴직자들을 위한 연금의 기초자금으로 쓰인다면 국민들은 이해해주지 않을 겁니다."

회사갱생법의 적용신청과 세트로 논의되었던 기업재생지원기구의 출자에 대해 정부와 여당에서 이런 지적이 나왔다. 자력으로 기업연금제도를 개혁하지 못하면 공적자금의 투입이 보류되고 재판소에서 갱생계획을 인정하지 않을 가능성이 있다.

특명팀의 일원으로 기업연금제도개혁에 참여한 임원이 회상했다.

"이나모리 가즈오 전 회장님이 아무리 대단한 경영자라 하더라도 퇴직자까지 설득할 수는 없다고 봅니다. 연금 문제만큼은 우리가 해결할 수밖에 없었지요."

같은 팀에서 일한 간부사원은 또 이렇게 말했다.

"동의서가 3분의 2를 넘은 순간은 옆에 있는 사람을 서로 끌어안으며 기뻐했지요. 이제 회사가 존속할 수 있다고 생각했습니다. 하지만 생각해보면 이상한 이야기입니다. 자신의 연금이 절반으로 줄었는데 기뻐했으니까요."

연금이 반으로 줄어도 '이 회사는 남아 있게 하고 싶다'

라는 사원들의 마음과 '3만 2,000명의 가족을 지키겠다'는 이나모리 가즈오의 기백이 폭발적으로 화학반응을 일으켜서 JAL 재생의 원동력이 되었다.

지금 일본 기업에서 경영자와 현장이 이런 긍정적인 화학반응을 일으키는 실례는 아주 드물다. 오히려 눈에 띄는 것은 부정적인 화학반응이다.

경영은 마술이 아니다

"고름을 빨리 짜내고 재건사업에 속도를 높이고 싶다."

2012년 여름, 한 대기업 전자회사 사장이 수천 명의 조기퇴직자를 모집한 후, 기자회견장에서 이런 말을 뱉어 세상을 아연실색하게 했다.

"우리는 고름이었구나."

내장을 잘라내는 듯한 고통으로 회사를 등지는 사원에게 참을 수 없는 상처가 된 것은 물론이고 사원을 비용으로밖에 보지 않는 대표 밑에서는 남은 사원들도 의욕이 생기지 못한다. 그 후 1년, 그 회사의 재건사업은 진척 없이 늦어지다가 경영상황은 악화 일로를 걸었다.

하지만 '사원=코스트'로 생각하는 대표는 그 사장만이 아니다. 인원을 대대적으로 줄이면 주가가 올라가고 '용기 있는 결단'이었다며 주위에서 칭찬하는 풍조가 만연해 있다. 중장년 사원을 한 사무실에 모아놓고 일을 주지 않아 결국엔 스스로 "그만두겠습니다"라고 말하게 하는 음습한 회사도 있다.

이런 세상에서 '사원은 가족이다'라던가, '가족을 행복하게 하는 것이 경영'이라고 단언하는 이나모리 가즈오는 어쩌면 사회의 이단아일지도 모른다. 이나모리 가즈오가 주장하는 '사원의 행복추구'에 대해서는 재건의 파트너인 기업재생지원기구의 일원들도 처음에는 다른 의견을 내세웠다.

"지금 JAL이 파산하는 바람에 금융기관이나 주주 등, 많은 기업의 이해관계자에게 폐를 끼치고 있습니다. 이런 때 '사원의 행복이 가장 중요하다'는 말을 하는 것은 위험합니다."

하지만 이나모리 가즈오는 누가 뭐래도 사원의 행복이 가장 중요하다며 물러서지 않았다.

"평범한 말이나 한다고 생각했을지도 모릅니다. 하지만 사원이 행복해지지 못하면 회사는 절대로 잘되지 못합니다."

"폐를 끼친 은행에는 제가 사과를 하러 갔습니다. 은행 쪽은 퉁명스럽게 맞이하더니 싫은 소리를 해대더군요. 하지만 사원을 위해서라고 생각하면 아무것도 아니지요."

'사원을 지킨다'는 이나모리 가즈오의 마음은 교세라가 사원 수백 명의 중견기업이 되었을 무렵부터 변함없다. 그 옛날 이나모리 가즈오는 딸 셋을 모아놓고 이렇게 말하며 사과한 적이 있다.

"한 번도 아빠다운 모습을 보여준 적이 없는 못된 아빠라서 미안하다. 하지만 아빠는 몇백 명이나 되는 자식이 있단다. 이해해주렴."

이나모리 가즈오는 셋이나 되는 딸의 초등학교 입학식도, 수업 참관도 한 번도 간 적이 없다.

사장인 우에키 요시하루는 말한다.

"이나모리 가즈오 전 회장님의 경영은 마술도 뭣도 아닙니다. 진심으로 회사를 자신의 자식이라고 생각하고 있지요. 애정의 깊이가 다릅니다. 자기 자식을 위해서라고 생각하기 때문에 진짜 자신 있게 말할 수 있다고 생각합니다. 월급사장은 좀처럼 그렇게 말하지 못합니다. 전 회장님은 3년 동안 수명이 줄었을지도 모르겠습니다만, 저는 옆에서 진짜 기업가가 사는 법을 볼 수 있었습니다."

기업가 아내의 각오

JAL을 지킨 것이 이나모리 가즈오라면, 이나모리 가즈오를 지킨 것은 아내인 아사코였다.

이나모리 가즈오가 JAL의 대표이사 퇴임을 발표하고 얼마 후, 교토의 자택 거실에서 이나모리 가즈오가 편하게 쉬고 있는데, 거실 옆 부엌에서 설거지하던 아사코가 딱히 누구에게랄 것도 없이 중얼거렸다.

"전 말이죠, 3년 전에 교토대학병원 의사 선생님을 찾아가서 부탁을 했어요. '선생님, 앞으로 3년 동안은 병에 걸리지 않도록 해주세요'라고 말이죠."

'만일 내가 병에 걸려 자리에 눕게 되면 남편이 JAL 재생 사업에 집중할 수 없게 된다.'

아사코는 마지막 대사업에 도전하는 남편의 발목을 잡는 일이 생기는 것이 무엇보다 두려웠다.

JAL 재건에 분주했던 1,155일. 이나모리 가즈오는 일주일에 사흘에서 나흘 동안은 교토의 자택을 비웠다. 도쿄로 올라갈 때 아내가 차에 실어주는 가방에는 하루 치의 속옷, 와이셔츠, 넥타이를 정리한 봉지가 출장 날짜 수만큼 차곡히 들어 있었다.

이나모리 가즈오가 아사코와 결혼한 것은 1958년 12월. 교세라 창립을 위해 쇼후공업을 그만둔 다음 날이었다. 아사코도 쇼후공업에서 함께 근무했었다.

창업기의 교세라는 직원이 부족해서 눈코 뜰 새 없이 바쁜 상태였지만 이나모리 가즈오는 절대로 아내인 아사코를 회사로 부르지 않았다.

"교세라는 가업으로 시작한 것이 아니라 처음부터 출자자에게 300만 엔을 받아 만든 주식회사지요. 집사람이나 가족이 회사 일에 참견해서는 안 됩니다."

이것이 이나모리 가즈오의 생각이다.

이나모리 가즈오가 자택에 젊은 사원을 데리고 오면 아내는 맛있는 요리로 솜씨를 발휘하지만, 일에 관해서는 일절 참견하지 않고 줄곧 가정을 지켰다.

하지만 아내인 아사코도 회사가 돌아가는 사정은 자세히 알고 있었다. 이나모리 가즈오가 집에서 늘 이야기를 하기 때문이다. 이나모리 가즈오는 일이 잘 풀릴 때도, 잘 풀리지 않을 때도 회사에서 일어나는 일을 열심히 아내에게 이야기했다. 미국의 IBM으로부터 대량의 기판 주문을 받았을 때도 그 기판을 집으로 가져와서 "바로 이거야"라며 아내에게 보여줬다.

아사코는 그 기판을 무엇에 쓰는지 전혀 모르지만, 그래도 함께 기뻐했다.

이나모리 가즈오가 쇼후공업을 그만둔 직후에 결혼했으니, 결혼 당시의 아사코는 '기업가의 아내'가 될 각오를 했을 것이다. 그것이 55년. 금혼식이 지나도록 여전히 유별난 일을 하는 남편을 아사코는 묵묵히 뒷바라지했다.

"JAL 재생의 일등 공신은 당신이야."

부엌에 있는 아사코의 등을 보며 이나모리 가즈오가 말하자 아사코는 환한 미소를 지었다.

에필로그

2013년 4월 9일, 열흘 전 JAL 대표이사를 퇴임한 이나모리 가즈오는 지금 아키타 현에 있다. '시민포럼'에서 강연을 하기 위해서다.

'시민포럼'은 일반 시민을 대상으로 이나모리 가즈오가 무료로 강연하는 봉사활동이다. 1년에 10회 정도, 각지에서 2,000명 정도를 수용할 수 있는 강연장에서 열린다. 신청자가 많아 추첨을 할 정도다. 전국의 중소기업 경영자에게 경영을 지도하는 '세이와주쿠'와 마찬가지로 이나모리 가즈오에게는 필생의 사업이다.

이나모리 가즈오는 강연장에 모인 아키타 시민에게 차분히 '어떻게 살아야 할지'에 대해 이야기를 한 후, 80명에 가까운 지역 주민들과 함께하는 뒤풀이에 얼굴을 내밀었다.

"오늘은 오랜만에 편하게 술을 마시고 싶네요."

이날은 이나모리 가즈오가 오랜만에 시간에 얽매이지 않고 사람들과 느긋하게 이야기를 나누면서 술자리를 즐겼다.

이런 이벤트 자리에서 항상 이나모리 가즈오 곁을 지키는 세이와주쿠의 사무국장인 모로하시 겐지의 눈에는 JAL 재건을 수락한 후로 줄곧 긴장해 있던 이나모리 가즈오의 표정이 약간은 온화해진 듯이 보였다.

JAL에서 목숨을 건 결전을 치른 이나모리 가즈오에게 시민포럼과 세이와주쿠는 갑옷을 벗을 수 있는 몇 안 되는 장소다.

이나모리 가즈오는 세이와주쿠의 회원들을 '소울메이트'라고 부른다. '마음을 나누는 친구'라는 의미다.

회원의 대부분은 스스로 기업을 일으켰거나 부모에게 가업을 이어받은 오너 경영자다. 이나모리 가즈오는 예전의 자신의 경우를 떠올리면서, 식원들의 생활을 홀로 짊어지고 고독하게 싸우는 그들을 동지라고 생각한다.

이나모리 가즈오가 JAL에서 보낸 1,155일은 중소기업에서 갖은 고초를 겪으면서 성공의 길로 들어선 이나모리 가즈오가 자신의 경영철학을 엘리트 샐러리맨 집단에 심어 넣은 격한 도전이었다. 자신과 전혀 다른 가치관을 가진 사람들과의 투쟁이기도 했다.

세이와주쿠의 회원과 이나모리 가즈오는 가치관이 같다. 회원의 대부분은 회사 직원들의 아내와 아이들 문제까지도 걱정하며 돈을 마련하기 위해 은행을 뛰어다니고 거래처 대기업에 휘둘리는 사람들이다. 자신이 젊었을 때 했던 고민과 같은 고민을 하는 사람들이 모여, 진지하게 가르침을 청해온다. 이나모리 가즈오는 그것이 기뻤다.

"음. 지금 많이 괴롭겠군. 나도 예전에는 그런 일이 있었는데, 그럴 때는 이렇게 하면 좋아."

회원이 고민을 상담해오면 그때마다 이나모리 가즈오는 예전의 자신을 떠올리면서 질문에 진지하게 대답하면서 벤처의 투혼을 되살린다.

일본 최강의 비즈니스 스쿨

세이와주쿠의 전신인 '세이유주쿠_{盛友塾}'가 만들어진 것은 지금부터 30년 전이다.

"교세라라는 엄청난 속도로 발전하는 회사가 있다고 하던데, 그곳 사장이 하는 이야기를 들어보고 싶다."

교토의 경영자들의 이런 요청을 받아 청년회의소에서 제안해온 것이 시작이었다.

이후로 전국 각지의 요구에 응해서 이바라키 현과 나라 현을 제외한 일본 전역에 54개의 세이유주쿠라는 이름의 비즈니스 스쿨이 만들어졌다. 회원은 일본에만 6,300명. 이나모리 가즈오가 직접 강연을 하는 '정기모임'은 1년에 십여 회 정도지만, 정기모임 이외에도 회원끼리 모여 자주 세미나를 한다.

그들이 운영하는 기업의 매출을 합하면 추정으로 약 43조 엔이다. 경영이익은 1조 8000억 엔, 직원 수는 정사원과 계약직을 포함해서 183만 명에 이른다.

세이와주쿠가 '일본 최강의 비즈니스 스쿨'이라고 불리는 이유가 여기에 있다.

이나모리 가즈오는 왜 중소기업의 경영자를 지도하는 일에 이렇게 열심일까?

모로하시 겐지는 "회사 숫자로 보면 일본 기업의 97퍼센트가 중소기업입니다. 고용의 80퍼센트를 중소기업이 맡고 있습니다. 이나모리 가즈오 회장님은 중소기업이 제대로 성장해야 국가가 발전할 수 있다고 항상 강조합니다"라고 설명한다.

아키타 현에서 개최한 시민포럼을 마친 후, 5월 연휴를 이용해서 이나모리 가즈오는 브라질로 향했다. 세이와주쿠는 브라질 이외에도 미국, 대만, 중국에 있으며 외국인 회원은 1,856명에 이른다.

브라질에 세이와주쿠가 만들어진 것은 20년 전이다. 그 계기는 주간지 〈아에라aera〉에 실린 이나모리 가즈오의 기사를 읽은 일본계 경영자가 이나모리 가즈오에게 보낸 한 통의 편지 때문이었다.

당시, 브라질은 하이퍼인플레이션의 태풍이 몰아쳐서 일본계 사람이 경영하는 중소기업은 생사의 경계선을 넘나드는 상황이었다. 이나모리 가즈오가 중소기업의 경영 지도를 하는 것을 기사로 알게 된 일본계 브라질 경영자는 지구의 반대편인 브라질에서 일본으로 SOS를 보낸 것이다. 이나모리 가즈오는 이에 응했다. 브라질에는 지금 150명이 넘는 회원이 있다.

그런 브라질보다 이나모리 가즈오 철학이 더 널리 받아

들여지고 있는 나라가 중국이다. 중국에서 세이와주쿠의 거점은 우시, 베이징, 칭다오, 다롄, 광저우, 충칭, 상하이에 있으며, 회원은 1,100명이 넘는다.

이나모리 가즈오가 강연을 가면 1,000명을 수용하는 강연장이 꽉 들어찬다. 국영방송사에서 '대화對話'라는 특별방송 중에 3회에 걸쳐서 이나모리 가즈오를 특별출연자로 초대하기도 했다. 왜 이렇게까지 이나모리 가즈오 붐이 일었을까? 이나모리 가즈오 자신은 이렇게 보고 있다.

"경영자라는 자리에 있는 사람은 어느 나라에서든 고독합니다. 사원이라면 싸움도 하고 불평도 터트리겠지만, 사원을 책임지는 경영자는 그럴 수가 없지요. 전부 혼자서 맡고 혼자서 판단해야 합니다. 그래서 모두가 뭔가 의지할 수 있는 마음의 지표를 원하고 있습니다. 그것은 중국도 마찬가지입니다."

고요함과 역동적 에너지가 함께 깃든

이렇게 말하는 이나모리 가즈오에게는 '사상가'의 모습이 보였다.

하지만 이것만이 이나모리 가즈오의 전부는 아니다. 이

나모리 가즈오라는 인간은 보는 사람에 따라 다르게 보인다. 실로 불가사의한 존재다.

사상가로서의 이나모리 가즈오는 30세가 될까 말까 한 젊은 나이에 경영이란 인간을 행복하게 하는 것이라는 철학을 갖고, 이후 반세기 동안 '인간이 왜 사는지'에 대해 줄곧 생각해왔다.

생각이 깊은 정적인 부분이다.

그러나 다른 한편으로는 80세를 넘어서도 여전히 3만 2,000명의 직원을 통솔해서 생환불능이라는 평가를 받은 JAL 재건에 맞서는 동적인 부분이 있다.

매출 1조 엔이 넘는 기업에 대표로 들어가 1만 엔 단위 돈의 입출금 오차를 눈을 번뜩이며 찾아내고, 뒤풀이에서 캔 맥주를 마시며 간부를 꾸짖고 격려하면서 정치가와 관료의 압력으로부터 회사를 지킨다. 맹수와 같이 싸우는 동적인 모습의 이나모리 가즈오다.

'동'과 '정'이 한 사람 속에 공존하는 것 자체는 드물지는 않다. 하지만 대부분은 세월의 흐름에 따라 변화하는 형태로 나타난다.

기업가 중에는 오래전 미국의 '석유왕' 존 록펠러나 '강철왕' 앤드루 카네기가 그런 인물이다. 이들은 현역 시절 경쟁에 몰두하여 라이벌을 쳐내고 막대한 부를 손에 넣은 동적인 시대를 살았다.

그러나 그들은 현역을 은퇴하자 '부를 독점한 자'라는 사회로부터의 엄혹한 비판도 있어서 동적인 시대에 얻은 부로 재단을 만들어 사회공헌에 매진한다. 록펠러재단이나 카네기재단이 과학과 문화의 진보에 공헌한 성과는 크다. 이것이 정적인 시대다.

동적인 시대에 얻은 부를 기반으로 정적인 시대에 사회로 환원하는 전통은 현재까지도 미국의 기업가에게 계승되어왔다. 빌 게이츠가 세운 마이크로소프트는 그의 현역 시절에 라이벌을 쳐냈던 가혹하고 격렬한 모습에 '악의 제국'이라고까지 불렸지만, 지금의 빌 게이츠는 개인의 재산을 기부해 '빌앤멜린다게이츠재단'을 만들어 아내와 함께 말라리아 박멸에 공헌하고 있다.

일본에서도 마쓰시타전기산업현 파나소닉의 창업자인 마쓰시타 고노스케는 만년에 정적인 시대로 들어서자, '마쓰시타세이케이주쿠' 등을 만들어 인재육성에 힘을 쏟았다. 소니의 창업자인 이부카 마사루는 유아교육의 발전에 개인

재산을 기부했다.

하지만 이나모리 가즈오는 젊었을 때부터 정적인 부분과 동적인 부분이 한 인간 속에 동거하고 있다.

포기를 시도로 바꾸기

이나모리 가즈오와 알고 지낸 지 반세기가 넘는 교세라의 전 사장이며 현 고문인 이토 겐스케는 이런 추억담을 이야기해주었다.

"이리로 좀 모여봐."

당시 20대 후반의 이나모리 가즈오는 개발 중에 문제가 생겨 진전이 안 되면 자신의 책상 주변으로 팀의 젊은 개발자들을 불러 모았다. 당시 최연소였던 이토 겐스케는 낡은 파이프 의자에 앉아서 토론에 참가했던 기억이 있다. 이나모리 가즈오나 이토 겐스케가 교토의 고압전선용 초자 생산업체인 쇼후공업에 근무했던 시절의 일이다.

이나모리 가즈오팀은 쇼후공업의 주력제품인 초자가 아닌, 당시로서는 신소재인 파인세라믹 개발을 담당하고 있었다.

기술자로서 뛰어난 자질이 있던 이나모리 가즈오는 문제

해결 방법에 대한 혁신의 이미지가 있었다. 하지만 그 이미지를 팀원과 공유하지 않으면 개발은 진전되기 힘들다.

"총천연색으로 이미지를 떠올리지 못하면 개발은 성취하지 못한다"라는 이나모리 가즈오의 제품 제조에 관한 철학은 이미 이 시기에 싹이 났었다.

이나모리 가즈오는 '그건 해보나 마나야. 될 턱이 없어'라고 미리 포기하던 젊은이들의 눈매가 '한번 해볼까?'라는 시도로 바뀔 때까지 30분이고 1시간이고 이야기를 계속했다고 한다.

"개발의 이미지를 심어주는 것과 동시에 우리가 하는 일이 갖는 의의를 설명해줍니다. 우리가 무엇을 위해서 이렇게 고생하고 있는지. 이 제품이 완성되면 세상에 어떤 변화가 생기는지. 이런 이야기를 듣다 보면 모두 의욕이 생겼어요. 이런 점에서는 이나모리 가즈오 명예회장님은 심리학자이고 철학자라고 생각합니다."

"직접 하는 모습을 보여주고, 말로 설명해서 들려주고, 직접 하게 시켜보고, 칭찬하지 않으면 인간은 움직이지 않습니다."

연합함대 사령관, 야마모토 이소로쿠가 남긴 격언이다.

이나모리 가즈오는 이 격언을 20대의 젊은 나이로 실천에 옮겼다. 이토 겐스케가 말하듯이 이나모리 가즈오는 교세라를 세운 27살 때부터 이미 '사상가'였다.

이나모리 가즈오와 이토 겐스케가 쇼후공업에서 근무하던 시절, 일본은 노사대립이 시작되었다. 공장이란 공장에는 전부 붉은 깃발이 휘날리고 총노동과 총자본이 첨예하게 대립하던 시절이다. 그 바람은 쇼후공업에도 불어왔고 노동조합은 처우개선을 요구하면서 동맹파업에 돌입했다.

하지만 이나모리 가즈오팀이 개발하던 파인세라믹 부품은 마쓰시타전기산업의 텔레비전에 들어가는 용도로 채용을 해준 것으로 쇼후공업이 부품을 보내지 않으면 마쓰시타는 텔레비전을 만들지 못하는 상황이었다.

이나모리 가즈오팀은 노동조합의 저지선을 돌파해서 공장에 숨어 들어가 생산을 계속했다. 동맹파업을 깨는 행위였다. 쇼후공업 시절의 이나모리 가즈오는 아직 경영자가 아니어서 동료들과 함께 임금인상을 요구하며 붉은 깃발을 흔들어도 전혀 이상할 것이 없는 처지였다.

이나모리 가즈오가 동맹파업에 동조하지 않은 이유는

'고객에게 폐를 끼치고 싶지 않다'는 신념과 경영자가 직원의 행복을 진지하게 고민한다면 노사가 대립할 필요가 없다는 '노사 동축'의 사상이 젊은 이나모리 가즈오 안에 이미 결실을 보고 있었기 때문이다.

높은 경지에 올라도 에너지가 넘치는

물론 젊은 이나모리 가즈오 안에는 이런 사상과 철학이 체계화되어 있었던 것은 아니다. 이나모리 가즈오는 교세라 창업기의 격무 중에도 항상 공부를 계속해왔다.

교세라에서 이토 겐스케를 비롯한 젊은 사원들은 이나모리 가즈오의 추천으로 마쓰시타 고노스케의 《마쓰시타 고노스케, 길을 열다》를 돌아가면서 읽었다.

거기에 나카무라 덴푸, 야스오카 마사히로 등이 제창한 동양철학, 이나모리 가즈오의 고향인 가고시마의 위인, 사이고 다카모리가 주창한 '경천애인'의 사상, 그리고 불교 사상과 공자, 맹자가 더해져서 독자적인 이나모리 가즈오 철학이 형성되었다.

대부분의 경우 인간은 이러한 사상과 철학을 심화해서 정적인 높은 경지에 이르는 과정에서 동적 에너지를 잃는다. 이토 겐스케는 이런 이야기를 했다.

"예전에 에이헤이사에서 유명한 고승을 만날 기회가 있었습니다. 우리 같은 평범한 인간은 상상도 할 수 없는 사상과 철학의 높은 경지에 오른 분이었겠지요. 그런데 그냥 보기에는 뼈와 가죽만 남은 노인이었습니다. 저서와 설법을 통해서 후세에 영향을 남기는 것이라고 생각은 하지만 사회의 선두에 설 에너지는 남아 있지 않아 보였어요."

하지만 이나모리 가즈오는 깊은 사색을 통해 정적으로 높은 경지에 올라도 에너지가 고갈되지는 않았다. JAL에 올라탄 이나모리 가즈오는 규돈 체인점에서 규돈을 먹고, 맥도날드에서 햄버거를 먹어가며 비즈니스의 일선에서 진두지휘를 집행했다. 80세가 지나서도 더할 나위 없이 활기찬 동적인 모습을 보여주고 있다. 20대부터 80대까지 정적인 고요함과 동적인 에너지가 줄곧 함께 동거해온 보기 드문 인물. 그 인물이 이나모리 가즈오다.

이나모리 가즈오를 '고고한 사상가'라고 생각하기엔 세속적인 면이 보이고, 에너지 넘치는 '활동적인 경영자'라고 생각하고 접하면 '이타의 마음'에 대한 설파에 감화한다. 이나모리 가즈오라는 인물은 마치 보는 각도에 따라 표정이 달라지는 불상과도 같다.

JAL과 에어버스의 극비 대표 회담

JAL에서 이나모리 가즈오는 최후의 최후까지 동적이었다.

2013년 1월 이나모리 가즈오가 스위스 다보스에서 개최된 세계경제포럼의 연차총회에서 강연한 이야기는 앞에서 적었다. 실은 이때 이나모리 가즈오는 극비리에 프랑스의 에어버스 CEO인 파브리스 브레지에와 만나 현지에서 점심을 함께했다. JAL과 에어버스의 대표 회담은 그것만으로도 큰 뉴스거리다.

에어버스는 미국의 보잉과 함께 세계의 상업용 항공기 시장을 양분하는 유럽의 대표 기업이다. 전 세계 항공사의 대부분은 에어버스와 보잉을 겸용해서 이용하며 일본의 ANA도 그렇다. 하지만 JAL이 보유한 항공기 100기는 2013년 4월 시점에 전부 보잉제다. 에어버스는 단 1기도 보유하지 않았다. JAL이라는 기업이 특수성 때문이다.

패전 후, 연합국 최고사령부에 의해 일본 국적의 항공기는 모든 운항이 정지되었다. 그리고 1950년에 운항금지가 해제되면서 1951년에 JAL이 설립되었다.

그 후, 1987년 완전 민영화가 이루어지기 전까지 반관반민 체제가 계속된 JAL의 경영에는 때때로 미·일 관계가 짙게 반영되었다. 미·일 무역마찰이 문제가 된 1970년~1980년대에 JAL은 보잉 747을 100기 이상 사들여서 마찰 해소에 큰 역할을 했다.

하지만 현재의 항공기시장은 '외국여행은 하와이', '비즈니스는 뉴욕'이라는 식으로 많은 수의 여행객이 같은 장소로 향하던 대량운송의 시대가 아니다. 각자가 생각하는 장소로 원하는 요일과 시간대에 비행기를 타는 소량운송의 시대로 변했다.

이런 시대에 요구되는 것은 연비가 좋은 중소형기다. 연비가 나쁘고 승객이 적을 때는 많은 공석을 감수하고 날아야 하는 점보 747기는 서서히 JAL 경영을 압박해왔다.

그래도 JAL은 미·일 관계를 배려해서 보잉에서만 사들이는 1사 구매를 계속해왔다. JAL이 걸어온 역사의 숙명일지도 모른다. 보잉과 에어버스의 분산발주가 이치에 맞지만, 역대 JAL 경영자에게는 어떤 방법으로도 건드릴 수 없는 성역이었다.

이나모리 가즈오는 그곳에 바람구멍을 만든 것이다.

"JAL 경영진에게 '에어버스를 구입하라'라고 말하진 않았지요. 하지만 항공기라는 거액의 구매를 할 때 한 회사에서만 산다는 것은 모순된 이야깁니다. 성능과 가격을 상세히 비교해서 JAL 경영에 가장 좋은 항공기를 사는 게 맞지요."

이나모리 가즈오가 말하는 것은 장사꾼으로서는 당연한 이야기지만 늘 정치의 풍압에 휘둘리는 JAL은 그 '당연한 일'을 할 수가 없었다. 이나모리 가즈오는 자신이 바람막이가 되어줄 심산으로 2사 구매의 물꼬를 텄다. 4월에 회장직에서 퇴임한 이나모리 가즈오가 남긴 선물이다. 그 행동력과 결단력은 분명히 기회를 포착하는 기민한 '동적인 경영자'다.

하지만 JAL 사원에게는 '이해득실에 휘둘리지 마라', '이타의 마음을 잊지 마라'라며 '정적인 사상'을 계속 이야기해왔다. 이런 복잡함과 다면성이 이나모리 가즈오라는 인물을 이해하기 어렵게 만든다.

이나모리 가즈오가 지닌 정적인 부분은 사원에 대한 애

정, 동적인 부분은 사업에 대한 투자라고 말할 수 있다. 그런 애정과 투자를 지니지 못한 경영자가 지금 일본에는 너무 많다.

기득권 잘라내기

이나모리 가즈오라는 경영자가 일본 경제사 속에서 달성한 역할은 크다.

교세라를 지역의 작은 공장에서 1조 엔 기업으로 성장시켜 기업가의 롤모델이 되었고, 제2전신전화주식회사의 설립으로 통신시장에 경쟁을 일으켰으며, JAL 재생으로 국책기업을 진짜 민간기업으로 변신시켰다.

그것은 일본이 아직 내걸고 있는 '국가자본주의'라는 이름의 개발도상국 시대의 꼬리를 잘라내는 작업이었다.

원래 경제가 성장하면 개발도상국에서 선진국으로 넘어가는 과정에서 공사, 국책기업, 독점기업같은 국가자본주의의 꼬리는 자연 소멸하는 법이다. 하지만 일본에는 아직 공사 시절의 체질을 끌고 다니는 거대 조직이 세력을 떨치고 있다.

이나모리 가즈오는 그 꼬리를 싹둑 잘랐다.

공사와 독점기업, 그리고 관료조직은 내버려두면 점점 더 비대해지고 효율이 떨어져 세금을 잡아먹는 '택스 이터Tax Eater'가 된다.

택스 이터는 국민의 적이지만, 일방적으로 거대한 이권을 만들어 그곳에 관여한 기득권자에게는 아주 소중한 돈줄이다. 택스 이터는 강렬한 자기증식의 본능을 갖고 있어서 누군가 용기 내서 잘라내지 않으면 경제의 악성종양이 되어 국가를 좀먹는다. 그 외상값을 치르는 것은 언제나 국민이다.

세금을 먹어치우는 택스 이터의 행동이 계속 용서를 받으면, 세금을 잘 내는 성실한 기업이 모럴 해저드에 빠져 세금을 먹는 택스 이터로 타락하고 만다.

정치계, 관료계, 노동계에 뿌리를 뻗은 택스 이터는 일단 손에 넣은 기득권을 놓지 않기 위해 모든 수단과 방법을 동원해서 개혁을 거부한다. 그런 기득권 세력을 잘라내는 개혁은 과장이 아닌 진짜 목숨을 건 승부다.

교세라와 KDDI에서 공적을 쌓아 이름을 날린 이나모리 가즈오는 택스 이터로부터 집중포화를 받아 만년을 더럽히게 될지도 모르는 위험을 알면서도 기득권자의 진지로 쳐들어갔다.

예전에 이나모리 가즈오처럼 기득권을 잘라낸 경영자가 있었다. 도코 도시오다. 그 검소한 생활 모습 때문에 '메자시_{정어리 말린 것}의 도코'라고 불리며, 서민들에게 신뢰를 받던 도코 도시오는 제4대 일본경제단체연합회 회장으로 지도력을 발휘하여 스즈키 젠코 내각 시절 1981년, 제2차 임시행정조사회의 회장이 되었다. 임시행정조사회가 제창한 것은 국철, 일본전신전화공사와 같은 '공사의 민영화'였다.

임시행정조사회는 공사를 민영화하고 민간기업의 신규 참여를 촉진하면 일본 경제를 활성화할 수 있다고 주장했다. 국가의 역할은 사업에 돈을 주거나 참견을 하는 것이 아니라 자유롭고 공정한 경쟁의 토대를 마련해서 민간기업의 의욕과 지혜를 끌어내는 것이다. '독점은 악'이라는 이나모리 가즈오의 가치관과 같다.

땀도 흘리지 않는 인간은 떠나라

도코 도시오는 '노도_{怒濤}의 도코'라고 불릴 정도로 일에 관해서는 엄격한 '합리화 작업의 신'이었다. 이시카와지마 조선소_{현 IHI}의 사장을 거쳐 1965년에 경영난에 빠진 도쿄

시바우라전기ᄒᆞ 도시바의 사장 자리에 오르게 되었다. 도코 도시오는 사장취임 연설에서 이렇게 단언했다.

"여러분은 앞으로 지금의 세 배로 일해야 합니다. 임원은 열 배 일하고, 저는 그 이상으로 일하겠습니다."

임시행정조사회 회장이 된 도코 도시오는 '증세 없는 재정 재건'을 내걸고 국가의 합리화 작업에 착수했다. 그 비장의 카드가 3공사의 민영화였다. 3공사란 국철, 전매공사, 일본전신전화공사다. 그의 의지를 이어받아 NTT와 경쟁해서 일본의 전화요금을 낮추기 위해 제2전신전화주식회사를 설립한 것이 이나모리 가즈오다.

자본주의 정신을 지킨다

사생활에서도 도코 도시오와 이나모리 가즈오는 아주 닮았다.

도코 도시오의 소박한 생활 모습은 유명하다. 아내와 둘이서 서녁 식사로 메자시를 먹는 모습이 텔레비전 방송에 나오면서 '메자시의 도코'라는 애칭이 퍼졌다. 경단련 회장이 되어서도 버스와 전철로 통근했다. 이런 모습은 편의점의 삼각김밥과 규돈 체인점의 규돈을 먹으면서 JAL 재건에 몰두한 이나모리 가즈오의 모습과 겹친다.

　돈이 없어서가 아니다. 합리적 사고를 좋아하는 두 사람은 사생활에서도 사치를 싫어해서 결과적으로 생활이 검소해졌다. 도코 도시오와 이나모리 가즈오는 억지로 참으면서 대충 아무거나 먹은 것이 아니다. 메자시와 규돈을 좋아했다. 일만 열심히 하며 달려온 그들은 원래 사치에 흥미가 없었다. 스스로 절제하면서 경쟁에 몰두하는 '자본주의 정신'의 기본을 지키는 화신이었다. 만일 그들이 사생활에서 허위 허식을 일삼았다면 아무리 합리화의 깃발을 휘둘러도 사원은 따르지 않았을 것이며 국민도 응원하지 않았을 것이다.

　경제를 활성화하고 국민의 생활을 풍요롭게 하는 것은 관에 의한 '규제'와 '보조금'이 아니라 민에 의한 '경쟁'이다. 이것을 확신한 도코 도시오와 이나모리 가즈오는 노구를 채찍질하며 '자본주의의 정신'을 지키려고 했다.

　이나모리 가즈오가 물러난 후에는 일본의 '자본주의'는 누가 지킬 것인가.

　'JAL이 해낸 일을 다른 회사가 못 할 리 없다'

이나모리 가즈오는 교세라라는 일본 유수의 전자부품 제조회사를 제로부터 세우고, NTT라는 거인에 맞서 KDDI라는 통신회사를 만들었으며, 모두가 불가능하다고 생각한 JAL의 재생을 이루어냈다.

이것은 '기적'이라는 단어로 표현할 만큼 간단한 일이 아니다.

수천 시간에 걸친 임원·사원과의 대화. 백 엔짜리 동전을 모아 수천억 엔의 비용절감으로 연결하는 경영 개선. 그것은 까마득하게 느껴지는 축적이며 지칠 줄 모르는 노력의 성과물이다.